Verdaderas historias de terror

AFRICA

NORMA ESTELA FERREYRA

ISBN 978-1-291-01890-5

Dedico este libro a los seres sensibles que pueden cambiar el rumbo de la humanidad

Genocidio herero y namaqua

De Wikipedia, la enciclopedia libre

El genocidio de los herero y namaquas ocurrió en el África del Sudoeste alemana (hoy en día Namibia) desde 1904 hasta 1907, durante la repartición de África. Se considera que es el primer genocidio del siglo XX.[1] El 12 de enero de 1904, los hereros comandados por el jefe Samuel Maharero se rebelan contra el dominio colonial alemán. En agosto, el general alemán Lothar von Trotha derrotó a los herero en la Batalla de Waterberg y los persiguió por el desierto de Omaheke, donde la mayoría de los herero murieron de sed. En octubre, los namaqua también se levantaron en armas contra los alemanes y fueron tratados de manera similar. En total, entre 24.000 y 65.000 hereros (aproximadamente el 50% o 70% del total de la población herero), y 10.000 namaquas (50% del total de la población namaqua) perecieron. Tres hechos caracterizaron a este genocidio, la muerte por inanición, el envenenamiento de los pozos utilizados por los herero y namaquas, y el acorralamiento de los nativos en el desierto de Namibia.

En 1985, el Informe Whitaker de ONU, reconoció el intento de Alemania de exterminar a los pueblos herero y namaqua de la colonia alemana del África del Sudoeste, como uno de los primeros intentos de genocidio en el siglo XX. El gobierno alemán pidió disculpas oficiales por estos acontecimientos en 2004.

Antecedentes: Los herero eran una tribu de pastores que vivían en una región de África Sudoccidental alemana, en la moderna Namibia. El área ocupada por los herero se conocía como Hererolandia.

Durante el reparto de África, los británicos dejaron claro que no estaban interesados en el territorio, por lo tanto, en agosto de 1884, se declaró un protectorado alemán y, en ese momento, el único territorio de ultramar considerado apto para la colonización blanca que había adquirido Alemania. Desde el principio, hubo resistencia por parte de los Khoikhoi a la ocupación alemana, a pesar de una tenue paz formada en 1894. En ese año, Theodor Leutwein se convirtió en gobernador del territorio, con lo cual comenzó un período de rápido desarrollo para la colonia, mientras que Alemania envió a la Schutztruppe, tropas coloniales o imperiales, para pacificar la región.

Los colonos europeos fueron alentados a asentarse en tierras de los nativos, lo que causó un gran descontento. En los siguientes diez años la tierra y el ganado que eran esenciales para la subsistencia de hereros y namaquas, pasó a manos de los alemanes que llegaban a la colonia. El régimen colonial alemán estaba lejos de ser igualitario; los nativos fueron utilizados como esclavos y sus tierras eran frecuentemente confiscadas y entregadas a colonos.

Otro punto importante; si bien los diamantes son a menudo considerados como uno de los principales intereses de los alemanes en la zona y una de las principales razones para cometer el genocidio, los informes de su descubrimiento solo aparecen desde 1908. A pesar de que los colonos alemanes explotaron intensamente la tierra de los hereros y namaquas; podemos decir en base a la documentación actual, que los diamantes no desempeñaron un papel importante en la decisión de Alemania de aniquilar a los nativos de esta tierra.

Primeras rebeliones contra el dominio alemán

En 1903, algunas de las tribus nama se levantaron en armas bajo el liderazgo de Hendrik Witbooi; unos 60 colonos alemanes fueron asesinados en este primer ataque.[2] Más tarde la situación llevó a los herero a unírseles en enero de 1904.

No es de extrañar que uno de los principales problemas era la propiedad de la tierra. Los herero ya había cedido más de una cuarta parte de sus trece millones de hectáreas a colonos alemanes en

1903,[3] factor que se agravó con la construcción de la línea de ferrocarril de Otavi que iba desde la costa africana hasta los asentamientos alemanes tierra adentro.[4] El acabar esta línea hubiera vuelto las tierras interiores mucho más accesibles, y habría iniciado una nueva ola de colonización europea en la zona.[5] El considerar la posibilidad de contener a los nativos namibios en reservas fue una prueba más del desproporcionado sentido de *propiedad sobre la tierra* de los colonialistas alemanes.[6]

Una nueva política de cobro de impuestos y deudas, aprobada en noviembre de 1903, también desempeñó un importante papel en el levantamiento herero. Durante muchos años la población herero había tenido el hábito de pedir prestado dinero de los comerciantes blancos, con enormes tasas de interés. Durante mucho tiempo gran parte de esta deuda quedó sin cobrar, ya que la mayoría de los hereros vivía modestamente y no tenía bienes para pagar. Para corregir este problema cada vez mayor, el gobernador Leutwein decretó con buenas intenciones que todas las deudas no pagadas en el año en curso serían anuladas.[7]A falta de pago monetario, los colonos alemanes solían llevarse el ganado y los pocos objetos de valor de los hereros, con el fin de recuperar sus préstamos. Esto promovió el surgimiento de un enorme resentimiento hacia los alemanes por parte del pueblo herero, sentimiento que se tornó en desesperación cuando vieron que los funcionarios alemanes eran cómplices de esta práctica.[3]

Detrás de estas razones, se hallaba la tensión racial entre los dos grupos. Los colonos europeos se veían a si mismos inmensamente superiores a los nativos africanos, y de hecho el colono promedio solía ver a hereros y namaquas como una simple fuente de mano de obra barata, mientras que otros deseaban su exterminio.[3] Como ejemplo de las diferencias entre los derechos de europeos y africanos, la *Liga Colonial Alemana* declaró que, en lo que refiería a cuestiones jurídicas, el testimonio de siete africanos era equivalente al de un hombre blanco.[8]

Por lo tanto, los herero consideraron que sus acciones estaban justificadas cuando se rebelaron a principios de 1904. En los posteriores ataques, conducidos por el jefe Samuel Maharero, fueron asesinados alrededor de 120 colonos alemanes, entre ellos mujeres y niños; también se destruyeron las granjas de los colonos en cada ataque, logrando alcanzar un gran nivel de organización y funcionamiento como fuerza militar al obtener algunas armas de fuego.

Después de negociar, un enorme grupo de hereros accedieron entregar sus armas, el gobernador

Leutwein se convenció de que los herero y el resto de la población nativa habían abandonado sus intenciones de lucha y se retiró la mitad de las tropas alemanas estacionadas en la colonia.[9] Después de ello, los rebeldes herero sitiaron Okahandja y rompieron relaciones con Windhoek, la capital colonial, justamente cuando el gobernador ya había dado orden de retirar grandes contingentes de soldados alemanes.

Leutwein se vio entonces obligado a pedir refuerzos y que le remitan un experimentado funcionario de la capital alemana, Berlín.[10] Ante ello, el Teniente General Lothar von Trotha fue nombrado Comandante en Jefe del África del Sudoeste Alemana el 3 de mayo de 1904; llegó a Namibia con un contigente de 14.000 hombres el 11 de junio.

Leutwein quedó subordinado al Departamento Colonial de la Oficina de Relaciones Exteriores de Prusia, presidida por el canciller Bernhard von Bülow. Von Trotha, por otra parte, declaró que en su calidad de gobernador militar sólo estaba subordinado ante el káiser Guillermo II de Prusia y no ante la Cancillería ni ante el gobernador civil de la colonia. Leutwein proyectaba derrotar a los jefes rebeldes y sus principales seguidores y sólo después negociar con el resto de la población nativa para lograr una solución política.[11] Von

Trotha, no obstante, rechazó la idea de una negociación y ordenó a sus tropas aplastar la resistencia nativa con toda la violencia necesaria.

El genocidio

Von Trotha y sus tropas derrotaron a los 3,000-5,000 hereros combatientes en la Batalla de Waterberg, acontecida entre el 11 y 12 de agosto, pero no pudieron eliminar la amenaza militar.[12] Los herero supervivientes se retiraron con sus familias hacia Bechuanalandia, después de que los británicos les ofrecieron asilo con la condición de no continuar con la revuelta en suelo británico.

Unos 24.000 hereros lograron huir a través de un hueco en el cerco militar alemán, hacia el desierto de Kalahari, con la esperanza de alcanzar el protectorado británico. Las patrullas alemanas encontraron más tarde esqueletos alrededor de agujeros de unos 25-50 pies de profundidad que los herero excavaron en un vano intento de encontrar agua. Maherero y 1.000 hombres cruzaron el Kalahari hasta Bechuanalandia.

El 2 de octubre, Trotha hizo un llamamiento a los hereros:

La nación herero tiene que abandonar el país, y si no lo hace, la obligaré por la fuerza. Todo herero que se encuentre dentro de territorio alemán, armado o desarmado, con o sin ganado será fusilado. No se permitirá que permanezcan en el territorio mujeres o niños, y se les expulsará para que se unan a su pueblo o serán pasados por las armas. Estas son las últimas palabras que dirigiré a la nación herero.[13]

Al no lograr una victoria total por medio de la batalla, Trotha ordenó que los hombres herero fueran capturados para ser ejecutados inmediatamente, mientras que las mujeres y los niños debían a ser expulsados al desierto para que muriesen allí, y si intentaban volver a la zona fértil controlada por los alemanes deberían ser asesinados a tiros; asimismo, los pozos de agua situados en las zonas de población herero y namaqua fueron envenenados para exterminar también a los nativos que se refugiasen allí. Leutwein se quejó ante el canciller Bülow sobre las acciones de Von Trotha, viendo que estas solo impedían que se continuara con la colonización y la actividad económica colonial. Al no tener real autoridad sobre Trotha, el canciller sólo podía acudir al emperador Guillermo II argumentando que las acciones de Von Trotha eran *"contrarias a los principios humanitarios y cristianos, económicamente devastadoras y perjudiciales para la reputación internacional de Alemania"*. El Imperio Alemán defendió inicialmente sus acciones ante el mundo argumentando que el pueblo herero no podía ser protegido en virtud de los Tratados de Ginebra, ya que según el gobierno alemán los hereros no podrían ser clasificados como *humanos* sino como *sub-humanos.*

El escándalo internacional crecía, pues numerosos colonos llegados de la colonia británica de El Cabo trabajaban en el Africa del Sudoeste Alemana e inevitablemente eran testigos del tratamiento brutal dado a los hereros, su esclavización, y asesinatos masivos. Para evitar que las noticias del exterminio de los hereros continuasen, Guillermo II accedió a censurar las acciones de Von Trotha y le ordenó detener sus políticas, pero cuando se supo esto en la colonia en diciembre de 1904 ya casi el 40% de la población herero (y el 50% de los namaquas) había perecido.

FUENTE:
http://www.portalplanetasedna.com.ar/guerras_tribales.htm

Ruanda: Tutsis Vs. Humus

http://www.portalplanetasedna.com.ar/guerras_tri bales.htm

Fuente Consultada: El Derrumbe del Humanismo Daniel Muchnik y Alejandro Garvie

I) En el África se desarrollan una serie de conflictos armados —que al igual que sus periódicas hambrunas— parecen no merecer mayores comentarios en la opinión pública Occidental. De ellas, el Genocidio de Ruanda y la Guerra del Congo —que involucró a Angola, Zimbabwe, Uganda, Ruanda y Namibia— fueron las más tremendas. Otro ejemplo: más de tres millones de personas murieron entre 1998 y 2002 en la selva congoleña por actos violentos, hambre y enfermedades en el más mortífero conflicto surgido en el mundo tras la Segunda Guerra Mundial.

Bélgica, la potencia colonial en Ruanda, privilegió desde el principio de su dominio a la minoría tutsi y la convirtió en una elite, a lo que la Iglesia contribuyó, inculcando la noción de su superioridad respecto de los hutus y los colocó en los puestos clave de la administración colonial. Estas dos etnias largamente enemistadas, los hutus (en 1994, el 85% de la población) y los tutsis (la minoría, representada por un 12%) se enfrentaron en una guerra sin cuartel que dejó un millón de muertos.

El primer estallido de violencia interétnica se dio entre 1959 y 1963. Desde entonces hubo sucesivos brotes de intensidad desigual: 1973, 1990, 1994, sin que ello signifique que los años no señalados han sido pacíficos.

El último enfrentamiento tuvo lugar en 1962 cuando los hutus tomaran el poder luego de la muerte del rey tutsi. Entonces, unos 130.000 tutsis deberían abandonar su país. En 1992, el parlamento belga tuvo conocimiento a través del embajador en Ruanda de que se preparaba una "solución final" del problema étnico, pero no hizo nada al respecto, sabiendo que la base del conflicto se encuentra en el miedo de los tutsis a ser exterminados y en el temor de los hutus a ser explotados. Por lo tanto no están dispuestos a compartir el poder, sino a monopolizarlo para emplearlo en la eliminación del otro.

Francia, que en 1975 firmó un acuerdo de suministro de armas a Ruanda en nombre del carácter francófono de ese país, apoyó al régimen dictatorial de los hutus radicales, a pesar de sus actuaciones inaceptables. Esto coloca a Francia como un catalizador del genocidio que vendría.

La inducción al uso masivo de las armas se basa en los miedos ya mencionados, atizados de forma intensiva por medios de comunicación en manos de los hutus radicales. La facción hutu en el poder había previsto una "solución definitiva" al problema étnico que consistiría en no dejar vivos ni siquiera a los niños, a diferencia de ocasiones anteriores. Una de las consignas más repetidas era: ¿Ya has matado a tu tutsí?

A la propaganda y al papel cómplice de una parte de la Iglesia se une el hecho ya citado de la fuerte jerarquización de la sociedad ruandesa: la población, disciplinada y obediente, no presentó demasiada oposición al papel que se le pedía —verdugo o víctima—, aunque buena parte de las víctimas fueron hutus que se negaron a asesinar a sus vecinos o parientes.

El proyecto genocida se puso en marcha como alternativa a la implantación de un plan internacional de paz promovido por varios países africanos en los Acuerdos de Arusha, los que preveían que hutus y tutsis compartieran el poder político. Además, la situación en la que tuvieron lugar los acontecimientos de 1994 era de penuria económica: el campesinado se encontraba ahogado por la falta de tierras y por la pobreza creciente. La densidad de población en las tierras útiles llegaba a 380 habitantes por kilómetro cuadrado.

En 1994, los milicianos hutus radicales usaron armas absolutamente primarias: machetes, mazos, hachas, garrotes, aunque a menudo las víctimas se remataban a tiros. Movilizaron masas enormes de civiles con los que consiguieron aniquilar los objetivos que se habían planteado. La organización fue muy cuidadosa y el resultado, eficaz. La elección de utilizar ese instrumental primario en lugar del arsenal del ejército respondía, según Ryzard Kapuscinski, al objetivo de crear una "comunidad criminal" que hiciera culpables a grandes masas de población y que las obligaría, así, a ser fieles a sus dirigentes.

Los enfrentamientos armados posteriores al genocidio, es decir, los ataques de milicias hutus contra las i~e~za3 tutsis ya instaladas en el poder, tuvieron la forma de asaltos guerrilleros, generalmente nocturnos y sorpresivos. La población civil conformó el grueso de las víctimas.

Durante el genocidio, los medios de Occidente no cubrieron los hechos. Los crímenes o sus resultados no fueron filmados ni fotografiados ni reporteados. La cobertura periodística recién llegó con la Operación Turquoise, de ayuda humanitaria y el éxodo de los hutus. Lo que sí se filmó y fotografió de forma masiva fueron los hutus ya situados en el Zaire (RD Congo actual) y sus benefactores humanitarios occidentales socorriéndolos. Las víctimas del genocidio nunca se vieron.

Pese a ello, una de las historias más desgarradoras que surgirían después en la prensa internacional fue la de Kwibuka, de la etnía hutu, que fue obligado por una banda asesina de hutus a decapitar a Francoise, su propia esposa. Hoy en día, la situación es incierta, ambas facciones permanecen armadas y listas para una nueva ronda de exterminio mutuo.

Congo: Mobutu Vs. Kabila

II) Históricamente saqueado desde tiempos de Leopoldo II, al Congo se le han codiciado: diamantes, oro, niobio, cobre, estaño y carbón, a los que se le agregan: el coltán —mineral esencial para la fabricación de los teléfonos móviles— el uranio y sus reservas inmensas de petróleo y agua dulce.

Esta región africana pasó por el tamiz de la Guerra Fría, cuando Joseph-Désiré Mobutu (1930-1997), con apoyo de la CIA derrocó mediante un golpe de Estado a Kasa Vubu (1917-1969), en 1965. Mobutu estableció un sistema político de partido único en el que ocasionalmente se llamaba a elecciones donde el dictador era el único candidato.

Desde entonces, su gobierno fue el ejemplo de las dictaduras en los países de reciente descolonización: violaciones a los derechos humanos, represión, culto a la personalidad y corrupción extrema. En 1984 Mobutu declaró tener depositados en Suiza, unos 4.000 millones de dólares, una cuenta similar a la deuda nacional.

En 1971, luego de una década de campañas de rebautizo de ciudades y lugares renombró al país como la República de Zaire, el cuarto cambio de nombre en once años y el sexto en la cuenta. Al año siguiente, el mismo Mobutu se cambió el nombre por el de Mobutu Sese Seko. Con el fin de la URSS, las relaciones con Estados Unidos se enfriaron y los servicios de contención del comunismo del dictador se hicieron innecesarios y la oposición interna surgió en demanda de reformas políticas y elecciones libres.

Desde 1994, el Congo fue desgarrado por una lucha étnica y una guerra civil, afectado, además, por la afluencia masiva de refugiados que escapaban del Genocidio de Ruanda.

El gobierno de Mobutu Sese Seko (imagen) fue derrocado en mayo de 1997 por la rebelión liderada por Laurent-Désiré Kabila (1939-2001), ex ministro del régimen que se había enfrentado varias veces con Mobutu. El nuevo tirano restauró el nombre de "República Democrática del Congo-Kinshasa", pero sus aliados pronto se volcaron contra él y su régimen fue desafiado por una rebelión apoyada por Ruanda y Uganda en agosto de 1998. Tropas de seis países intervinieron y el país sufrió una devastadora guerra que tuvo un alto en julio de 1999. Antes, durante y después de la guerra, el saqueo de los minerales siguió siendo una constante.

A principios de 2001 Kabila fue asesinado y su hijo Joseph Kabila (1971), formado militarmente en China, fue nombrado Jefe de Estado, sin que este país haya logrado la estabilidad, hasta la fecha.

En las guerras africanas prevalece la idea de que las facciones étnicas se enfrentan por sus problemas ancestrales. Esto "exime" a Occidente de intervenir, debido a que la masacre es entre "pueblos bárbaros", arrastrados por una suerte de maldad primitiva.

Sin embargo, las causas más profundas de estas guerras son el saqueo constante por parte de las grandes potencias de las riquezas que atesoran esos territorios y el hecho de que los sectores en pugna se transforman en "mercados" para el tráfico de armas, que hoy es uno de los negocios que más dinero mueve en el mundo. No podía ser de otra manera: en un mundo en el que el Mal sistémico se despliega con todo sigilo, las armas, indispensables para eliminar al Enemigo, son, a la vez, fuente de sostenimiento de la producción capitalista.

Algunos números aclaran el panorama. El gasto militar mundial se estima entre 850.000 millones y un billón (millón de millones) de dólares. Estados Unidos tiene el mayor presupuesto de defensa del mundo. Luego de los ataques terroristas del pasado 11 de septiembre y de la guerra en Afganistán, el presupuesto militar estadounidense aumentó de 310.000 millones de dólares en 2001 a 450.000 millones en 2005.

El economista Jeffrey Sachs —devenido en asesor del secretario general de la ONU, Kofi Annan (imagen) — sostuvo que una pequeña fracción del presupuesto militar estadounidense —aproximadamente 25.000 millones de dólares— bastaría para resolver la mayor parte de los problemas económicos y sociales del mundo. Sin embargo, Washington no ha mostrado disposición alguna a recortar su presupuesto de defensa ni a desviar recursos hacia los países más pobres.

En la Cumbre de Rio, en 1992, la comunidad internacional acordó en la Agenda 21 —el plan global para un ambiente más limpio— desviar cada año 700.000 millones de dólares de los presupuestos militares hacia proyectos sustentables, dado que la Guerra Fría ya había terminado. Haciendo caso omiso a los compromisos asumidos y en línea con los defensores del complejo militar norteamericano, el creciente gasto militar mundial no sólo desvía vitales recursos financieros, materiales y humanos al servicio de la destrucción, sino que pone en riesgo el ambiente del planeta y las perspectivas de desarrollo social y económico de todos los países. Los EE.UU. gastan hoy en defensa tanto como todas las naciones que le siguen, juntas. Las tropas norteamericanas tienen bases en 75 países y cada rama del Ejercito tiene su propia fuerza aérea.

EL HAMBRE EN ÁFRICA

EL CASO SAHEL: El hambre en el mundo en general yen la zona del Sahel en especial no es una catástrofe con un claro desencadenante. Se trata de una calamidad insidiosa que se ha convertido en un estado permanente, y que a lo largo de los años ha evolucionado en tragedia humana. Sahel, en árabe, significa «costa» u «orilla». Fue el botánico francés Auguste Chevalier (1873-1956) quien hacia 1900 generalizó este término para la zona que incluye el borde meridional del Sahara. Se trata de un área semiárida de transición entre el desierto y la sabana, que se extiende a través de África desde el

Atlántico hasta el mar Rojo y una pequeña parte del océano Índico. Rigurosos períodos de sequía en este territorio han tenido consecuencias terribles para la población, que con intervalos de tan sólo unos pocos años padece continuas hambrunas.

Esta situación de hambrunas crónicas es común a un grupa de países de la zona del Sahel: Senegal, Malí, Mauritania, Burkina Fasso, Níger y Chad.

Estos países tienen condiciones climáticas y naturales parecidas y san víctimas de la ofensiva del desierto, que ya ha devorada la mitad de su territorio. Tienen un pasado colonial común y la mayoría continúan prisioneras en el embrollo de la dependencia neocolonial. Los rasgas sociales, geográficas, climatológicas e históricas de este grupo de países permite afirmar que el problema del hambre tiene los mismas orígenes en todos (con variaciones insignificantes). Y hay diversas elementos de carácter social que aún lo hacen más grave.

En la mencionada región se registra una reducción constante de la población rural, mientras que la productividad del trabaja agraria no tan sólo no crece, sino que incluso tiende a disminuir. Otra ejemplo alarmante es el abandona del campo par parte de la juventud, hecha que priva a la agricultura de la mano de abra can más rendimiento.

Entre el resto de causas importantes de las crisis alimenticias en el área saheliana, hay que citar también el clima desfavorable, la escasa fertilidad del suela tropical y el problema del agua, porque no hay sistema de irrigación y el Estado concede poca atención a este factor. De todas formas, y pese a la importancia que tienen los factores climatológicas y naturales, éstas no llegan a ser decisivos. Con un verdadera interés internacional y un esfuerza par parte de las países ricas se podrían financiar proyectas para impedir la desertización del suela y fomentar el aprovechamiento del agua. Convendría, también, que hubiera un verdadero cambia en las estructuras económicas mundiales y unas nuevas relaciones en el comercio internacional que eliminaran la dependencia de los países subdesarrollados.

El hambre, un mal extendido

En el África moderna el hambre es un mal muy extendido. Muchos países del continente no están en condiciones de producir suficientes alimentos para su población. Por ello, sus habitantes están supeditados a las importaciones, para las que a su vez no se dispone de suficientes medios financieros. Eso significa que dependen de la benevolencia de las naciones ricas industrializadas que les apoyan en forma de ayuda al desarrollo. Pero la ayuda al desarrollo no es meramente altruista, es también un negocio, ya que se devuelve con un pago de intereses continuo.

Algunos de los factores que sobre todo en la zona del Sahel han desempeñado una y otra vez un papel decisivo son las sequías, la aridez del suelo, ya de por sí muy seco, las oscilaciones del clima, la erosión y los ataques de parásitos, en especial las bandadas de langostas; todo ello produce la pérdida continua de las cosechas con catastróficas consecuencias para la población.

A esas condiciones naturales que el ser humano se ha visto obligado a afrontar allí desde siempre, se unen otras causas importantes de la escasez de alimentos, como es por ejemplo la inestabilidad política con enfrentamientos armados, sobre todo guerras civiles en las que el hambre se emplea intencionadamente como estrategia bélica. Pero también la corrupción y la mala economía unidas a una política comercial desastrosa para la agricultura africana son elementos clave del hambre y el sufrimiento de la gente.

En otras partes del continente negro también resulta entre tanto decisiva la epidemia de sida, que al diezmar a gran parte de la población trabajadora tiene efectos económicos sobre la agricultura y por lo tanto sobre la alimentación de los habitantes. Según datos de la ONU, desde 1985 han perecido 7 millones de agricultores en 25 países africanos; otros 15 millones de personas están amenazados de muerte.

Entre la sabana húmeda y el Sahara

La zona del Sahel abarca un territorio de 3 millones de km2. El cinturón seco se extiende desde el Atlántico hasta el mar Rojo y una pequeña franja del océano Índico. En esa zona se encuentran diferentes regiones (por ejemplo, el norte de Senegal, el sur de Malí) de diez estados: Senegal, Mauritania, Malí, Burkina Faso. Níger, Nigeria, Chad, Sudán, Etiopía y Eritrea, que, sin excepción, se cuentan entre los más pobres del mundo. El borde meridional de la zona del Sahel forma la sabana espinosa, que luego pasa a ser la sabana seca y después la húmeda, la cual se une finalmente por el sur a la selva tropical.

El borde septentrional de la zona del Sahel llega hasta el Sahara y tiene por tanto un clima cálido y seco. Según esta distribución, los diferentes territorios reciben más o menos precipitaciones, que oscilan entre los 20 mm. al norte y los 500 mm. al sur, sobre todo en época de monzón, de los meses de junio a septiembre. Desde comienzos de la década de 1960, esas precipitaciones son cada vez menores y el Sahara avanza insidiosamente hacia el sur. La temperatura media es relativamente alta, unos 20 ºC, por lo que la escasa lluvia que cae en los pocos meses húmedos sufre una fuerte evaporación. La propia tierra absorbe muy poca humedad. Las consecuencias son las sequías, la pérdida de cosechas y el hambre.

Exceso de población y de pastoreo

Las escasas precipitaciones de las últimas décadas por una parte y la enorme explosión demográfica por otra, unidas a la existencia de ganados cada vez mayores, han causado un excesivo pastoreo en la ya de por sí parca vegetación. El número de reses, que ha aumentado intensamente, se come las pocas plantas con raíz incluida. Además, los animales pisotean el suelo duro y seco, que se hace más denso y por tanto más propenso a que el viento arrastre su capa superior; el desierto se expande.

De vez en cuando ha habido períodos más ricos en lluvia, por lo que los campesinos, que en principio eran nómadas, ya no se trasladan con sus ganados en pos de la humedad, como hacían en siglos anteriores, y en cambio se fían de las perforaciones de pozos.

También las zonas de cultivo se extienden cada vez más hacia el árido norte, haciendo necesario el riego artificial. Como consecuencia, también aquí se ha perforado una cantidad jada vez mayor de pozos y, lo que es peor, sin planificación, algo que con el paso del tiempo produce una reducción drástica del agua freática. El equilibrio ecológico de ese cinturón seco se ha alterado sensiblemente, lo que ocasiona el avance de la desertización, es decir, del Sahara. 3ntre 1968 y 1973 especialmente, así como de 1982 a 1984, esto condujo a la catástrofe. El hambre y las enfermedades infecciosas costaron la vida a miles de personas. Muchos de los Tuareg que vivían en el Sahel se trasladaron al sur tras perder sus ganados y se instalaron en las míseras periferias de las ciudades del borde meridional de esa zona.

El sector agrícola en el mundo ha tenido en 2007 una producción record de 2.300 millones de toneladas, un 4% más que el año anterior. Desde 1961 la producción mundial de cereales se ha triplicado, mientras que la población se ha duplicado. Las personas consumimos menos de la mitad de esta producción mundial, la mayor parte se utiliza para consumo animal, y cada vez más, para biocombustibles. "Hemos permitido que los alimentos sean transformados de algo que alimenta a las personas y les asegura el sustento, en una simple mercancía para la especulación y los negocios", indica Grain. La última gran hambruna de la franja del Sahel fue en 2005. Se trata de "emergencias cíclicas", predecibles, que no surgen por sorpresa y que pueden evitarse con los recursos que la humanidad tiene en el siglo XXI. Un asunto de ética y desarrollo humano.

Sin lluvia no hay cosecha ni dinero, sólo hambre: El responsable a nivel internacional de los programas de alimentación y de la distribución de alimentos es Naciones Unidas. Toda persona debería disponer diariamente de 2100 calorías. En períodos de hambruna eso supone tener que llevar a los territorios afectados, con la mayor brevedad, toneladas de alimentos en forma de arroz o maíz, lentejas, alubias, aceite y cantidades más pequeñas de sal y azúcar. Ello crea, entre otras cosas, un gran problema de logística.

El transporte por los territorios en guerra es a menudo imposible por cuestiones de seguridad; la consecuencia es una inminente escasez de alimentos. Niños y ancianos sufren desnutrición crónica. La situación es alarmante en Níger, pero también en Malí, Mauritania o Burkina Faso, y las reservas están agotadas. En las últimas décadas no son tantas las personas que han muerto de hambre en sí, aunque debilitadas por el hambre y la continua desnutrición y a causa de las secuelas de infecciones como la tuberculosis, el tifus y últimamente el cólera han muerto cientos de miles. También ha muerto el ganado; sólo en Mauritania se perdieron 1,6 millones de reses y hubo que traer nuevos rebaños.

La zona del Sahel se ha extendido en los últimos años hasta las islas de Cabo Verde. El poder colonial portugués taló la madera de todas las islas dando lugar a la erosión del suelo, y donde no hay árboles cada vez llueve menos. También Gambia, antigua colonia británica, está amenazada por la desertización. Cada vez se pierden más cosechas.

Fuentes consultadas

pohttp://www.portalplanetasedna.com.ar/malas17 .htmr :

Grandes Catástrofes de la Historia

Actual Historia del Mundo Contemporáneo

Diario El País

Wikipedia - Enciclopedia Encarta

¿Qué hay detrás de las matanzas en África ?

Fuente:Chttp://www.rebelion.org/hemeroteca/africa/031001matanzas.htm#entral?

Chris Fajen (ZNet)

Según un estudio del Comité Internacional para los Refugiados, más de 3.300.000 personas han muerto durante los seis últimos años en la Guerra del Congo. Se trata del más alto peaje de muerte pagado en cualquier conflicto desde la Segunda Guerra Mundial. Si bien, hasta hace poco, los medios de comunicación europeos y estadounidenses han ignorado esta carnicería- a pesar de que sus gobernantes han tenido mucho ver con el fomento de la guerra.

Las noticias de la matanza, finalmente, se han abierto un hueco tras las masacres en la provincia congolesa de Ituri, en el nordeste del país. La última ola de violencia comenzó a principios de mayo cuando las tropas de Uganda abandonaron Ituri, tras haber ocupado la región, rica en materias primas, durante cinco años.

Casi de inmediato, comenzaron los enfrentamientos armados entre milicias rivales. Ante los informes de canibalismo, niños soldados y enormes carnicerías, el Consejo de Seguridad de Naciones Unidas aprobó, a finales del mes pasado, el despliegue de fuerzas en la ciudad de Bunia, el epicentro de las matanzas en las últimas semanas. Unos 1.400 soldados franceses llegaron a Ituri a principios de junio. Chris Fagen analiza la terrible guerra y se pregunta si la solución se encuentra en la intervención de la ONU o de Francia.

Cuando los principales periódicos prestan alguna atención al Congo- o, en general, a las guerras en África- invariablemente caracterizan los conflictos como guerras "tribales" o "étnicas", enraizadas en odios ancestrales. Esta explicación no es sólo falsa sino además racista.

Acostumbran a cubrir el asunto con el argumento de que " nosotros- lo que, de forma invariable, indica una coalición de naciones occidentales, quizás con la cobertura de Naciones Unidas- debemos intervenir para detener esta irracional masacre". Este argumento es una versión, con nueva envoltura, de las mismas excusas racistas que los poderes europeos dieron para justificar la conquista y colonización de África a finales del siglo XIX- es decir, para "civilizar" el continente. Cualquier intento de resolver la guerra del Congo precisa de un marco muy diferente- en el que no se recurra a los responsables de la crisis para resolverla.

Así sucede con las milicias que luchan en Bunia que se basan en dos grupos distintos, el Hema y el Lendu.

Como ha ocurrido en muchos conflictos civiles en el África moderna, la etnicidad proporciona a los políticos una palanca movilizadora, de la misma manera de lo acontecido en las guerras de los Balcanes en Europa en los años 90. Pero la guerra del Congo- incluido este último episodio-, va más allá de la etnicidad o de la política regional.

Es el legado del brutal gobierno colonial belga, de la Guerra Fría y de los imperialismos estadounidense y europeo, dirigidos a controlar las enormes riquezas minerales del Congo.

En el reparto europeo de África, el Congo fue entregado al rey Leopoldo de Bélgica, quien lo gobernó, durante décadas, como si se tratara de una reserva privada. El dominio belga en el Congo fue sanguinario- incluso para los brutales estándares del colonialismo europeo en África. En su búsqueda de caucho y marfil, los belgas asesinaron a más de 15 millones de congoleses en los primeros treinta años de su dominio.

Cuando el Congo se desembarazó del régimen colonial en 1960, los belgas no habían desarrollado las infraestructuras del país más allá del mínimo necesario para explotar sus riquezas naturales. En el momento de la independencia, menos de 30 congoleños poseían una licenciatura. Más todavía, el capital belga mantuvo grandes holdings de empresas en el país, y el gobierno belga, con la activa participación de las administraciones de Eisenhower y Kennedy en Estados Unidos se unieron con el fin de asegurarse de que, aunque el congo fuese independiente, complaciese sus deseos.

El primer ministro electo, Patrice Lumumba, fue asesinado pocos meses después por agentes belgas - con el activo apoyo de la CIA. Lumumba fue asesinado por aspirar una política exterior, independiente de los Estados Unidos- y por oponerse a la continuada dominación del país por los intereses políticos y económicos occidentales.

Tras la muerte de Lumumba, la CIA instaló al dictador Mobutu Sese Seko, que gobernó en el Congo durante 32 años, asesinando a innumerables miles de personas y robando, según estimaciones, 5.000 millones de dólares. Mobutu- que cambió el nombre del país por el de Zaire- fue siempre leal a sus señores de Washington, que le recompensaron por su alianza durante la Guerra Fría contra el "comunismo" apoyado por Moscú.

La Guerra Fría en África, no obstante, nunca fue fría. Los Estados Unidos y la Unión Soviética mantuvieron guerras por delegación a lo largo y ancho del continente.

Mientras Washington apoyaba a gobiernos coloniales y de minoría blanca, Mobutu proporcionaba a la política de Estados Unidos un rostro africano. Que el Congo poseyera inmensas cantidades de oro, cobalto, uranio y otros valiosos minerales estratégicos, que codiciaban los Estados Unidos, no perjudicaba las perspectivas de Mobutu.

Con el desmoronamiento de la Unión Soviética en 1991 y el final de la Guerra Fría, los denominados gobiernos "socialistas" pro-soviéticos de África se convirtieron al libre mercado "neoliberal", promovido por Washington a través del Fondo Monetario Internacional y otras instituciones. Washington no tenía más razones para apoyar al corrupto régimen de Mobutu y le dejó caer.

La brutal dictadura de Mobutu fue derrocada en 1997 por el movimiento rebelde dirigido por Laurent Kabila y apoyado por Ruanda. Enseguida el país se vio sumergido en la que algunos llamaron "la primera guerra mundial de África", ya que los ejércitos y milicias de Zimbabue, Angola, Zambia, Namibia, Ruanda, Uganda y el gobierno de Kabila se enfrentaron sobre el enorme territorio y los ricos depósitos de mineral del Congo.

Laurent Kabila fue asesinado en 2001, pero las luchas continuaron durante el gobierno dirigido por su hijo Joseph. Esta guerra constituye el antecedente de la actual sangría en Ituri.

Uganda y Ruanda conjuntamente, alegaron interés estratégico al invadir la zona oriental del Congo, pero su alianza eventualmente se deshizo. El ejército ugandés armó al Hema de la UPC, mientras los ruandeses lo hicieron con las milicias Lendu.

Más recientemente, los ugandeses y los ruandeses cambiaron sus posiciones, de manera que ahora el UPC está combatiendo contra la fuerzas de Lendu, apoyado por Uganda. Cuando los ugandeses retiraron sus fuerzas de Ituri, a principios de este año en aplicación de una acuerdo de paz, el nivel de violencia se disparó.

Pero cuando Washington y París hacen compasivos pronunciamientos para terminar con el derramamiento de sangre en el Congo, hay que recordar su papel en otras recientes guerras civiles en África. Los militares estadounidenses llevaron a cabo su primera intervención directa en África en 1992, en la guerra civil de Somalia, como parte de una misión de pacificación de Naciones Unidas. El objetivo declarado de Washington era acabar con la hambruna- pero las fuerzas estadounidenses se estima que mataron a 10.000 personas hasta que la resistencia presentada obligó a los Estados Unidos a abandonar el país en 1993.

Al año siguiente, durante el genocidio de Ruanda, el presidente Bill Clinton no movió un dedo para parar el millón de muertos ocasionados en dos meses por un gobierno apoyado por la etnia Hutu contra la minoría Tutsi. Como consecuencia de semejante sangría, un nuevo gobierno dirigido por Tutsis tomó el poder en Ruanda. El nuevo gobierno ruandés invadió de inmediato el este del Congo- que apoyaba al ejército rebelde de Kabila- para establecer un parachoques entre los refugiados Hutu y la propia Ruanda.

Por su parte, Francia,- con mucho la potencia europea dominante en la región- apoyó al gobierno genocida de los Hutus, y como consecuencia vio su influencia declinar. Washington aprovechó la oportunidad para incrementar su presencia a costa de Francia.

Estados Unidos adoptó al hombre fuerte de Uganda, el presidente Yoweri Museveni, como su aliado en la región- y, el entonces presidente, Bill Clinton realizó una visita de alto nivel a Uganda en 1998 como parte de su viaje a seis países de África. El Tratado para el Desarrollo y Crecimiento de África, presentado como una nueva era de la ayuda estadounidense a África, es un acuerdo del tipo del NAFTA que abre la puerta a una mayor dominación de la zona por las corporaciones americanas. Al mismo tiempo, el Programa Internacional de Estados Unidos para la Formación y el Entrenamiento militar proporciona capacitación a oficiales africanos de 44 países en instalaciones estadounidenses- Washington ha aumentado los gastos del Programa desde 8,8 millones de dólares en 2001 a 11,1 millones en 2003. Para terminar, no es casualidad el que en el Congo se encuentren algunos de los más ricos yacimientos de oro y diamantes del mundo- y que se hayan descubierto recientemente reservas de petróleo en el país.

Así que la guerra por el control del Congo no es una estúpida matanza tribal. Es una guerra del Nuevo Orden Mundial- una en la que los aliados tradicionales en Europa y Estados Unidos compiten por recursos económicos clave e influencia estratégica.

¿Conseguirán las tropas de Naciones Unidas establecer la paz?

Los recientes asesinatos en Bunia- que algunos estiman en 700- son irrelevantes en el contexto de una guerra que ha ocasionado la pérdida de millones de vidas en pocos años. Lo que es diferente son las narraciones de mutilaciones horrorosas y canibalismo- y el hecho de que esas matanzas tuvieran lugar a pocos centenares de yardas de un campamento de las fuerzas de pacificación de Naciones Unidas. En Bunia, a finales de mayo, se encontraban unos 700 soldados de la ONU, que permanecieron en su campamento mientras 'observaban" la matanza.

Para muchos, esto es una reminiscencia de lo ocurrido Ruanda en 1994, cuando un destacamento de Naciones Unidas permaneció en Kigali durante el genocidio- ignorando las repetidas llamadas de atención de los meses precedentes sobre la inminencia del estallido genocida. De nuevo en el Congo, Naciones Unidas no ha prestado atención a las repetidas advertencias provenientes de Ituri alertando de que las masacres podrían comenzar una vez que las fuerzas de Uganda abandonaran el territorio.

Ante esta inacción, muchos ven la decisión de enviar 1.400 soldados de elite, dirigida por Francia, como un paso en la buena dirección. A finales de mayo, Human Rights Watch y Amnistía Internacional pidieron al Consejo de Seguridad que " desplegara una fuerza de reacción rápida para proteger a los civiles en Ituri".

Pero las fuerzas de pacificación de Naciones Unidas nunca han establecido la paz y la justicia - y la historia de Naciones Unidas en el Congo es particularmente repulsiva. Las tropas de la ONU fueron en 1961, cuando menos, cómplices en el asesinato del primer ministro del Congo, Patrice Lumumba - y ayudaron a las fuerzas pro-americanas que condujeron a la espantosa dictadura de Mobutu.

Como en 1961 dijo Lumumba- el único líder elegido de forma democrática que ha tenido el Congo- " ¿Cómo se puede vacunar a un casco azul contra el racismo y el paternalismo de un pueblo cuya única visión de África es la caza del león, el mercado de esclavos y las conquistas coloniales?" Por otra parte, la idea de que los franceses tengan buenas intenciones es absurda, habida cuenta de la historia sangrienta de Francia en el colonialismo de África.

Si Francia, los Estados Unidos y Gran Bretaña quisieran de verdad hacer algo en el Apocalipsis de África, ¿ por qué no han cancelado la deuda externa , enviado suministros de drogas anti-SIDA y compensado los siglos de pillaje en el continente? No existe solución para la guerra del Congo si se continúa con la cínica intervención de las potencias imperialistas responsables de la crisis en primer término. El largo sufrimiento de la mayoría de los congoleses sólo alcanzará la paz y la justicia cuando controlen sus recursos, sus políticas y su sociedad.

La esperanza en un África diferente.

Mientras la atención se centra en el Congo, otras crisis y guerras, originadas por el mismo legado de colonialismo e imperialismo, convulsionan muchos otros lugares del África sub-sahariana.

Centenares de miles han muerto de hambre en el Cuerno de África en los últimos meses- y más de 20 millones viven al límite de la desnutrición en el Sur de África. Alrededor de 25 millones, según las agencias de la ONU, sufre SIDA en la zona. Liberia, Sierra Leona y Sudán mantienen terribles guerras civiles originadas por la pobreza y las crisis.

En las capitales de Occidente, la única solución que se ofrece es la fuerza de pacificación de Naciones Unidas. No obstante, en el África occidental la "pacificación" se está llevando a cabo por los bien conocidos militares nigerianos que llevan décadas aplastando las revueltas populares en el país.

Nigeria, el país más poblado de África y el más rico en petróleo, ha celebrado recientemente, unas elecciones aplaudidas en Occidente como un modelo de democracia. En realidad, los dos principales candidatos eran antiguos dictadores militares- y las elecciones se realizaron con fraude y coacción. Los grandes vencedores en Nigeria continúan siendo las compañías petrolíferas y sus patrones de Washington.

En Zimbabue, una reciente huelga general ha puesto de manifiesto la oposición al corrupto y represivo gobierno de Robert Mugabe. Si bien desde Occidente se incrementaba la presión sobre Mugabe, Washington y Londres le apoyaron totalmente cuando aceptó los programas del Fondo Monetario Internacional que han ocasionado los desastres económicos del país.

En toda la región, se ha producido un enorme retroceso respecto de la esperanza de un "nuevo amanecer" que suscitó la desaparición del apartheid en Sudáfrica. El gobierno del Congreso Nacional Africano (CNA) llegó al poder encabezando un masivo movimiento popular dirigido por los poderosos sindicatos sudafricanos. Pero el CNA ha continuado, con contundencia, con las fracasadas políticas pro-negocios del neoliberalismo a expensas de los sudafricanos medios.

Sin embargo, la resistencia se está organizando. En Sudáfrica, los sindicatos y movimientos sociales que acabaron con el apartheid están enfrentándose cada vez más al neoliberalismo del CNA. La corriente de oposición en Zimbabue se basa en un organizado y activo movimiento de los trabajadores. Y en Nigeria, los habitantes de la región del Delta han emprendido una heroica lucha contra las compañías petrolíferas occidentales y sus partidarios en el gobierno. Son estas rebeliones - no la intervención de Estados Unidos o de la ONU, - el camino a seguir para alcanzar una auténtica autodeterminación en África y el final de la crisis.

http://www.rebelion.org/hemeroteca/africa/031001matanzas.htm#

Por qué ruge África

Opinión, Manuel E. Yepe

FUENTE: CUBA DEBATE

19 Marzo 2008

Según evidencia histórica, la trata de esclavos es responsable del alarmante subdesarrollo africano actual.

La esclavitud promovió el fraccionalismo étnico y socavó a los estados efectivamente constituidos.

El mayor número de esclavos habían sido tomados de áreas que a fines del siglo XIX eran las más desarrolladas políticamente, y que son ahora las más fragmentadas étnicamente.

Investigaciones recientes reflejadas por Nathan Nunn, profesor asistente de economía en la Universidad canadiense de Columbia Británica, hasta julio de 2007, y de la estadounidense de Harvard desde entonces, en su libro "Efectos a largo plazo de la trata de esclavos de África", de reciente aparición, sugieren que, de no haber existido el comercio de esclavos, la brecha que hoy existe entre el desarrollo económico promedio de los países actualmente llamados en vías de desarrollo y los de África, prácticamente no existiría.

También sería aproximadamente un 72% menor la brecha entre los ingresos de África y los de los países desarrollados actuales.

Mucho se ha escrito tratando de explicar la razón de la tragedia del pobre desempeño económico de África, una de las cuestiones que más desconcierta a los estudiosos de la economía del crecimiento y el desarrollo.

Evidencias históricas a partir del estudio del asunto, muestran cómo la trata de esclavos causó inestabilidad política, debilitó estados, promovió la fragmentación política y social, y resultó en el deterioro de las instituciones legales locales en África.

Entre 1400 y 1900, el continente africano experimentó cuatro rutas simultáneas de trata de esclavos. La mayor y más conocida fue la transatlántica, por la que a inicios del siglo XV se embarcaron esclavos de África Occidental, central y oriental a las colonias europeas en el nuevo mundo. Las otras tres fueron la trans-sahariana, la ruta del Mar Rojo y la del Océano Índico.

En la primera, los esclavos eran llevados del sur del desierto de Sahara a África del Norte. En la segunda, los esclavos eran conducidos de tierra adentro hasta el Mar Rojo y transportados en embarcaciones al Medio Oriente y la India. En la tercera, los esclavos se llevaban de África Oriental a las costas del Índico y de allí embarcados al Medio Oriente, a la India o a trabajar en las plantaciones de las islas del Océano Indico.

Estudios realizados por el profesor Nathan Nunn en un trabajo titulado "Los orígenes históricos del subdesarrollo de África" que reprodujo la publicación digital VoxEU.org de Londres, indican que las áreas africanas que son hoy las más pobres son aquellas de donde se extrajeron proporcionalmente más esclavos en el pasado.

Se ha argumentado que la razón pudiera ser que los esclavos se extrajeron de las áreas más pobres en recursos naturales que ahora siguen siéndolo, pero las investigaciones realizadas prueban exactamente lo contrario. Es decir, el mayor número de esclavos fueron tomados de la áreas que entonces disfrutaban de mejores condiciones económicas y ellas son ahora las que peor están, lo que confirma que la creciente extracción de esclavos por los traficantes europeos ha sido la razón principal del subdesarrollo económico y social africano.

Las áreas de donde se extrajeron más esclavos son igualmente aquellas más fragmentadas étnicamente en la actualidad.

En el continente africano, la concurrencia de conflictos interétnicos, religiosos o entre estados, que resultan de la agudización de las consecuencias del subdesarrollo, hacen que, paradójicamente, las políticas de desarrollo en la región tengan apenas un valor relativo y efímero.

En África es mas evidente que en cualquiera otra parte del planeta el hecho de que las amenazas crónicas como el hambre, las enfermedades, la represión y diversas crisis o problemas repentinos de la vida cotidiana tienen un valor cuando menos equivalente a los problemas del crecimiento y el desarrollo económico y social.

Hace dos décadas, la esperanza de vida al nacer de un africano era 24 años menor que la de una persona nacida en un país rico y la brecha se estaba acortando. Sin embargo, hoy la brecha es de 33 años y va en aumento.

Según el Programa Mundial de Alimentos de Naciones Unidas, son africanos 33 de los 50 países más pobres del mundo, es decir, más de dos tercios del total de los países que en el mundo ostentan esa situación. Una de cada tres personas que viven en el mundo en condiciones de pobreza extrema radica en África Subsahariana.

Si entre 1980 y 1990 sólo cuatro países africanos: República Democrática del Congo, Níger, Rwanda y Zambia experimentaron retrocesos en materia de desarrollo humano, entre 1990 y 2003, trece países (Botswana, Camerún; Rwanda, República del Congo; República Democrática del Congo, Costa de Marfil, Kenya, Lesotho, Sudáfrica, Swazilandia, anzania, Zambia y Zimbabwe) tuvieron salto atrás.

Lo más grave es que África empeora. En el 2001 había 313 millones de pobres; en 2005 había 345 millones de pobres, y en 2015 se calcula que la pobreza podría alcanzar a 431 millones de personas en el continente, de mantenerse el orden económico injusto y las tendencias actuales.

Pesan sobre la conciencia mundial los 600 años de sufrimiento que dejaron la cacería y comercio de seres humanos que generó las cuantiosas riquezas de que se apropiaron las potencias coloniales de entonces, dejándole apenas subdesarrollo y miseria extrema a un continente mártir.

La trata de esclavos ha sido para el continente africano lo que hoy constituyen para todos los países del tercer mundo los males del intercambio desigual, el robo de cerebros, el cobro de la deuda externa y otras modalidades neocoloniales de esclavitud capitalista.

Diario de la juventud cubana

Edición digital- Portada Cuba Internacionales Opinión Cultura Ciencia y Técnica Deportes Columnas Suplementos Todos los caminos conducen a África- Jorge L. Rodríguez González - jorgeluis@juventudrebelde.cu

5 de Septiembre del 2009 22:16:51 CDT

África está en la mirilla de Estados Unidos. Hasta allí Washington piensa llevar su falsa cruzada contra el terrorismo para asegurarse el saqueo de los abundantes recursos del continente, principalmente petróleo y gas. El propósito lo confirma el llamado Libro Blanco del Comando de Movilidad Aérea (AMC) de las Fuerzas Armadas estadounidenses.

El documento Global Enroute Strategy —expuesto por el mandatario venezolano Hugo Chávez en la reciente cumbre de la Unión de Naciones Sudamericanas en Bariloche (Argentina)— ratifica las intenciones del Pentágono de incluir a América del Sur en la llamada «estrategia de ruta global» que le permita a Estados Unidos el control de los recursos naturales de nuestra región, entre otros intereses, y, a la vez, les facilite la rápida movilidad de sus tropas y armamentos hacia África, otro de los paraísos mineros y petroleros.

En su nueva concepción, Estados Unidos busca reorganizar las conexiones y rutas entre sus bases militares distribuidas en todo el mundo y los escenarios que considera de importancia estratégica como África, el sureste y suroeste asiático, Eurasia, Corea e Indonesia, identificados en el manuscrito del AMC como «zonas claves» que necesitan mayor apoyo en el transporte aéreo.

Por tanto, el poder militar norteamericano se encuentra enfrascado en la construcción de una arquitectura de rutas que le permita mover hacia estas regiones un número arrollador de efectivos, armamentos, vehículos de combate y suministros, entre otros pertrechos imprescindibles en una contienda bélica.

África es uno de los escenarios a los cuales Estados Unidos tiene menor acceso: es el continente de menor presencia de bases militares extranjeras. Por otra parte, la administración de George W. Bush no pudo desplegar allí su Comando Militar para África (AFRICOM), diseñado para garantizar sus incursiones en ese continente, asumidas hasta ahora por los comandos Europa, Pacífico y Central. Por ello, la movilidad del Pentágono dentro del continente no tiene la agilidad deseada por los sectores militares, en estrecha alianza con las transnacionales petroleras. Y esa libertad de movimiento intra e intercontinental es un asunto de suma importancia para AFRICOM, según la opinión de su comandante, el General William «Kip» Ward, recogida también en el Libro Blanco del AMC.

Muchos gobiernos y organismos regionales se opusieron a la presencia de una base militar permanente, pero hoy EE.UU. defiende otra concepción: Washington ya no planifica establecerse permanentemente, sino crear una red que le garantice llegar a África desde diversos puntos de la geografía sudamericana y europea.

No obstante, el Pentágono utiliza una base asentada en Camp Lemonier, Djibouti, estado fronterizo con Somalia, uno de los campos africanos donde EE.UU. ya ha barajado la posibilidad de una intervención militar directa. El antiguo enclave francés alberga desde junio de 2002 a unos 10800 soldados norteamericanos, mientras Washington anunció que ampliaría su superficie.

Rutas ideales

El documento del AMC destaca que una de las rutas más favorables para llegar al Cuerno Africano —formado por Djibouti, Eritrea, Etiopía, Somalia— y al este de ese continente es, precisamente a través de la Península Ibérica y el Mediterráneo. En este trayecto pueden ser utilizadas las bases Rota (Cádiz), Morón (Sevilla), Singonella (Sicilia), y Souda Bay (isla griega de Creta).

Según el AMC, en esta región las condiciones climáticas son muy favorables para operaciones aéreas, además de que es una línea en la que convergen pocos vuelos internacionales.

«Es la ruta ideal para comenzar las operaciones en el continente africano», dice sin tapujos ese mando militar.

Otro de los enclaves que pretende usar el Pentágono para que sus aviones y soldados lleguen a África, y cuya posición adquiere ahora un carácter más estratégico es la base aeronaval británica de la Isla Ascensión (Atlántico sur), usada durante mucho tiempo por EE.UU. Pero un avión C-17 —uno de los punteros de la Fuerza Aérea de EE.UU.— no podría llegar desde el territorio estadounidense hasta allí sin reabastecerse.

Es en este escenario donde cobra protagonismo el Comando Sur, que ha localizado a Cayenne, en la Guayana Francesa, como una de las posibles bases ahora denominadas por Estados Unidos como «de Localización de Seguridad Cooperativa (CSL)», donde las naves se reabastecerían de combustible, para seguir camino a Ascensión. La distancia desde Charleston, Carolina del Sur —donde se encuentra una importante base aérea citada por el AMC en su nueva estrategia—, hacia Cayenne, es de 2 600 millas náuticas (MN) y de allí a Ascensión es de 2 400 MN, rangos que perfectamente puede cubrir el potente C-17.

La búsqueda de nuevas instalaciones CSL en Sudamérica y el Caribe que sirvan de trampolín hacia África continúa, y ha trascendido que la base de Palanquero en Colombia pudiera ser una de las fichas en el tablero.

El hilo que teje los puntos Charleston-Cayenne-Ascensión llegará finalmente hasta el oeste y suroeste de África, regiones muy valiosas para Estados Unidos. En esa gran porción se encuentra el Golfo de Guinea, donde Washington refuerza su presencia militar a la par que las petroleras (Marathon Oil, Exxon Mobil, Chevron Texaco, entre otras) buscan nuevas reservas que saquear. Fundamentalmente, Guinea Ecuatorial es una de las perlas más preciadas por estos consorcios.

En esa zona también se encuentra el gigante petrolero Nigeria, y Angola, otro de los grandes en el sector.

¿Se cocina la intervención?

Nigeria y Somalia estuvieron entre los escenarios estudiados en los simulacros militares Unified

Quest, efectuados en mayo de 2008 en el United States Army War College en Carlisle, Pennsylvania. El objetivo era evaluar la capacidad de respuesta de las Fuerzas Armadas norteamericanas ante una crisis en Somalia, que esperan acontezca para 2025 con el aumento de la piratería y la oposición armada; y en Nigeria, donde según los vaticinios de los tanques pensantes norteamericanos, el gobierno pudiera vérselas mal ante los ataques de las facciones rebeldes que operan el Delta del Níger, zona muy rica en pozos petroleros.

Las variantes manejadas para el caso de Nigeria en esas maniobras iban desde las presiones diplomáticas hasta la intervención militar directa, con el despliegue de miles de soldados para asegurarse el hidrocarburo. De seguro, cuando Washington estime conveniente, sus soldados y armamentos llegarán en horas, pues ya el AMC se encarga de crear la red de rutas que los lleve hasta allí. Y a Somalia le apunta desde muy cerca Camp Lemonier, la base ubicada en Djibouti.

En el Golfo de Adén y próximas a las costas somalíes se encuentran fuerzas de la OTAN y de la Unión Europea, que con sus modernos artefactos militares controlan esa importante ruta comercial, ayudadas por empresas mercenarias como las norteamericanas Xe —aunque cambie el nombre sigue siendo la Blackwater— y Hollow Point

Protective Services; o las británicas Hart Security, Eos y Drum Resources Limited, entre otras.

En tanto, el AMC está instruyendo a la fuerza aérea de AFRICOM (la 17 AF), con la realización de misiones diarias hacia el continente, ejecutadas por los potentes C-17 Globemaster III, y los C-130 Hércules.Según el coronel Bob Holba, jefe de la División de Movilidad Aérea para el Centro de Operaciones Aéreas y Espaciales de la base de Ramstein (Alemania) —uno de los puntos europeos que forma parte del engranaje de AFRICOM—, desde el 1ro. de octubre de 2008 hasta el 16 de junio de este año, el AMC realizó 1 086 operaciones con sus C-130, que transportaron más de 830 pasajeros y unas 500 toneladas de cargamento, cuya naturaleza no precisó. Entre los destinos se encontraban Darfur, Rwanda y Uganda.

Estados Unidos teje su telaraña de bases militares que le garantice ágilmente movilizar tropas y armamentos... y todos los caminos, desde Sudamérica, América del Norte o Europa, conducen a África.

02-12-2005

Los países ricos encierran a África en un laberinto de la pobreza del que sólo se sale asaltando Europa

El calabozo del mundo

Ignacio Ramonet

El Periódico

Con fascinación y escalofríos asistimos a los repetidos y a veces trágicos asaltos contra las murallas alambradas de Melilla, llevados a cabo por disciplinadas columnas de jóvenes subsaharianos. En otras zonas (Canarias, la isla italiana de Lampedusa, las costas de Grecia, Chipre, Malta, la isla francesa de Mayotte cerca de Madagascar), los invasores llegan de noche--si no zozobran-- a las playas en silenciosas embarcaciones, como antaño hacían vikingos, normandos y sarracenos. En Europa y otras partes del mundo rico, muchos tienden a considerar a esos asaltantes como agresores, delincuentes o hasta criminales. Algunos reclaman mano más dura. Más vigilancia, más policía, más Ejército, más expulsiones... Sin parar a preguntarse por qué causas esas personas están dispuestas a correr tantos riesgos para, en definitiva, poner por precio vil al servicio de nuestro confort y alto nivel de vida su fuerza de trabajo.

Para empezar a entenderlo hay que recordar que el África subsahariana es una de las regiones más pobres del planeta. Con una pobreza extrema que se explica por diversos factores. En primer lugar, la trata de esclavos, crimen y genocidio que vació durante siglos al subcontinente de millones de sus hombres y mujeres más jóvenes, sanos y fornidos, obligando a comunidades enteras a vivir escondidas y aisladas en las profundidades de la jungla, sin contacto alguno con los progresos de la técnica y de la ciencia.

Luego ha de rememorarse la colonización de África, impuesta a sangre y fuego, a base de guerras, exterminios y deportaciones. Todos los poderes locales que osaron oponerse y resistir a los conquistadores portugueses, británicos, franceses, alemanes, holandeses o españoles fueron aplastados.

Las potencias coloniales establecieron de modo autoritario una economía fundada en la exportación de materias primas hacia la metrópoli y en el consumo de productos manufacturados producidos en Europa. Así, África perdió en los dos tableros. Y esa doble explotación, por lo esencial, no se ha modificado. Por ejemplo, Costa de Marfil, primer productor mundial de cacao (40% del total) nunca ha podido desarrollar una industria chocolatera exportadora. Igual se puede afirmar de Mali o Níger, dos de los principales productores de algodón, quienes se han hallado en la imposibilidad de montar una verdadera industria textil. Y eso porque, en general, las tarifas aduaneras excesivas impuestas por los países importadores ricos a los eventuales productos elaborados en el Sur arruinan toda posible competencia con los productos fabricados en el Norte.

LOS PAÍSES desarrollados quieren conservar la exclusividad de la transformación de las materias primas, o, en el marco de la globalización liberal, aceptan deslocalizar sus fábricas hacia China donde la mano de obra es hábil, dócil y, sobre todo, barata, pero no están dispuestos a invertir en África, ni a desarrollar en este continente un sector industrial importante. La división internacional del trabajo, efectuada en favor de los intereses de los países del Norte, atribuye a África negra un rol subalterno, marginal, lo cual impide a esta área entrar en la espiral virtuosa del desarrollo.

Las fabulosas riquezas mineras y forestales del continente africano son vendidas a precios de saldo, para el mayor enriquecimiento de nuestras empresas importadoras y transformadoras. De ese modo, no se crean empleos ni siquiera en las industrias agroalimentarias, que es el sector básico a partir del cual se puede edificar un verdadero desarrollo agrícola, y más tarde industrial.

Por eso también, África es el último continente que aún conoce con regularidad crisis alimentarias y hasta hambrunas como la actual de Níger.

Esta región del mundo, tan a menudo calificada por los medios dominantes del Norte de "subdesarrollada, violenta, caótica" e "infernal", no habría conocido tal inestabilidad política --golpes de Estado militares, insurrecciones, masacres, genocidios, guerras civiles--, si los países ricos del Norte le hubiesen ofrecido reales posibilidades de desarrollo en lugar de seguir explotándolas hasta el día de hoy. La pobreza creciente se ha convertido en causa de desorden político, de corrupción, de nepotismo, y de inestabilidad crónica. Y esta misma inestabilidad desalienta a los inversores tanto locales como internacionales. Con lo cual se cierra el circulo vicioso del laberinto de la pobreza.

HAY QUE añadir a este escalofriante panorama, la epidemia de sida que está diezmando a la población del sureste del continente y que ya ha creado unos 12 millones de huérfanos. La pandemia priva a los menores de su familia y los expone a toda clase de peligros. Entre ellos el de ser reclutados como soldados o por redes de prostitución infantil. Mientras un niño europeo o japonés tiene una esperanza de vida de unos 80 años, la de un menor de Zambia, Uganda o Mali apenas llega a los 33.

Éstas son algunas de las razones que explican por qué hoy día un (o una) joven del sur del Sáhara, en plena salud y a menudo con buena formación educacional, no desea seguir viviendo en lo que es el calabozo del mundo. Decenas de miles, en este momento, están marchando hacia los vados que conducen a Europa, con la esperanza de poder vivir, por fin, una vida de persona normal. Y quizá también con la reivindicación inconsciente de que algo les debemos a ellos de nuestra riqueza actual.

Esto es sólo el comienzo, y no se sabe qué tipo de muros habrá que construir para desalentar el flujo. Porque el Banco Mundial acaba de advertir de que la bomba demográfica ya ha estallado, y que ya hay en los países pobres unos 2.500 millones de jóvenes de menos de 22 años que no encuentran trabajo en sus países. Y cuya única perspectiva es la de correr al asalto de las murallas de Europa...

Al menos siete albinos han sido asesinados recientemente en Tanzania y Burundi; sus miembros son utilizados en la brujería africana

Dentro de la práctica de medicina tradicional en algunas regiones de África, que coqueteo fuertemente con la brujería, los órganos de una persona albina son altamente cotizados ya que se emplean en la manufacturación de diversas y cuasimilagrosas pociones curativas. Recientemente en el este africano, se han registrado siete asesinatos de albinos que se suman a una larga cantidad de personas con estas bio características.

Casualmente todos ellos aparecen desmembrados lo que apunta, incuestionablemente, a que fueron victimados por traficantes de órganos albinos para surtir a médicos locales. De acuerdo con la ONG Under the Same Sun, con base en Vancouver, tan sólo en Tanzania se han registrado 57 asesinatos de albinos en los últimos dos años (y los números oficiales son duplicados o triplicados en la realidad).

"Con los últimos casos suman ya 57 asesinatos en Tanzania, además de al menos seis intentos más, todas las víctimas fueron desmembradas de sus extremidades. En Burundi tenemos 14 casos similares. Estos son sólo los casos documentados, pero los números son mucho mayores" afirma Under the Same Sun.

Según informantes locales un "juego completo" de órganos y extremidades de un albino puede alcanzar un valor de hasta $50,000 libras esterlinas, es decir alrededor de 70,000 euros, en el mercado local. Siendo las cuatro extremidades, los genitales, la lengua, nariz, y orejas, los elementos más cotizados.

Las muertes de África

Gabriel M. Pérez Alcalá
El Corresponsal de Medio Oriente y Africa

Africa se está muriendo. Muere de bala y de metralla, por las heridas de las guerras, por la omnipresente violencia. Muere de hambre, de sed, de miseria. Muere de enfermedad, de todas las enfermedades. Muere de explotación y de esclavitud. Muere en patera. Muere de desidia. Muere en silencio. Sencillamente, muere Africa muere de bala y de metralla en las largas y olvidadas guerras que se extienden por todo el continente. Africa muere en la guerra civil de Sudán. Una guerra civil de más de cincuenta años, que se mezcla con una limpieza étnica de mayor violencia que aquella que tanto nos impactó en los Balcanes. Agravada, además, por una larga tradición esclavista y la ausencia absoluta de información. El Gobierno de Sudán, por sí o por las milicias paramilitares que ha ido armando, mantiene una guerra con su propia población en el Sur y en Dafur, expulsa a su gente hacia países vecinos, permite el tráfico de esclavos en su territorio y amenaza a los países vecinos con extender el conflicto. Todo ello con el telón de fondo de una guerra étnica y religiosa en la que está presente, ¡cómo no!, la existencia de yacimientos de petróleo y conexiones con el islamismo integrista internacional. Y Africa muere en la guerra larvada de los Grandes Lagos. Porque la guerra de los noventa, esa guerra que nos escandalizó por sus más 800.000 muertos y otros tantos desplazados, no resolvió el fondo de la cuestión: el de las de demasiadas armas y demasiadas ambiciones sobre demasiadas divisiones raciales y unos demasiado bien colmados yacimientos de diamantes y minerales. Todo ello en la nebulosa y montañosa zona fronteriza entre el Congo, Uganda, Ruanda y Burundi. Y parecida sigue siendo la situación en Sierra Leona o en Liberia. Y no llega a ser lo mismo, pero es explosiva, la situación en Nigeria, Etiopía y Somalia. Africa muere de violencia.

Africa se muere de hambre, de pura miseria. Porque las guerras generan pobreza y los Estados resultantes de ellas generan corrupción, ausencia de derechos y pequeños déspotas que esquilman a sus propios conciudadanos en Guinea Ecuatorial, en Angola, en Namibia, en Lagos, en Kenia, en Botsuana, en el Congo, en Camerún, etc. Y eso en el caso que haya algo que esquilmar, porque hay países en los que la sequía, la desertización y la estúpida ayuda occidental ha arruinado su agricultura condenándolos a un hambre eterna.

Los ejemplos del Chad, de Malí, de la Republica Centroafricana, de Etiopía, de Eritrea, etc. son sólo una muestra. E incluso hay países con suficientes recursos para que su población viva decentemente, pero cuyos gobiernos se han endeudado, sin que la población se haya beneficiado, y a los que Occidente obliga a pagar y a ajustarse con políticas que nosotros no soportaríamos de nuestros gobiernos. Y hablo de Mozambique, Senegal, Mauritania, Gabón, Kenia, Tanzania, etc. Africa muere de hambre, de corrupción, de sequía, de deudas.

Africa se muere de enfermedades, de todas las enfermedades. Porque se muere de enfermedades que tienen prevención con simples saneamientos y conducciones de agua, de enfermedades que tienen cura con antibióticos, de enfermedades que tienen solución con sólo asepsia en la asistencia médica, de enfermedades que pueden resolverse con prevención e información. Africa se muere de tifus, de malaria, de gripe, de parto, de Sida.

Y muere ante la indiferencia de todo el mundo. Mientras los ciudadanos de los países ricos estamos de vacaciones, disfrutamos de las Olimpiadas y nos preocupamos del precio del petróleo, los de Africa están, sencillamente, muriéndose. Africa agoniza en silencio, sin aspavientos, sin ruido, en la misma forma en la que su gente, cada uno de ellos, lo hace. De la misma forma que un hambriento, un enfermo de Sida, una pobre mujer sedienta, un niño desnutrido no tienen fuerzas, ni medios para protestar, para rebelarse, para llamar la atención. Porque Africa no tiene ni organizaciones, ni agencias de noticias, ni televisiones propias que nos hagan llegar su sufrimiento, sus heridas, su agonía. África se desangra, agoniza en silencio. Ifrica, sencillamente, se muere.

La fuente: Diario Córdoba

(http:www.diariocordoba.com) / Rebelión

Matanzas en el congo

Las incalculables riquezas que alberga el territorio congolés han sido objeto permanentemente de la codicia de reyes, imperios coloniales, multinacionales, políticos y aventureros de las más diversas categorías, siempre dispuestos a privar a los pueblos de sus recursos naturales. En el siglo XIX, durante el reparto europeo de África, el Congo fue entregado al rey Leopoldo II de Bélgica (1835-1909), quien lo gobernó durante décadas, como si se tratara de su hacienda privada.

Eufemísticamente se le denominó Estado Libre del Congo. El dominio belga fue sanguinario, incluso para los brutales estándares del colonialismo europeo en África. En la búsqueda de caucho y marfil, los belgas asesinaron a más de 15 millones de congoleses en los primeros 30 años de su dominio.

La historia de la explotación de los recursos económicos del Congo mientras fue propiedad de Leopoldo II, es una de las historias más sangrientas de la historia contemporánea. Mientras en Europa se dedicaba a rodear su obra de un aureola de altruismo, en defensa del libre comercio y lucha contra el comercio de esclavos, iba dictando normas por las que expropiaba a los pueblos congoleños de todas sus tierras y recursos e incitaba a su ejército privado, la Fuerza Pública, a servirse de todo tipo de torturas, secuestros y asesinatos para someter a la población a los trabajos forzados que, en un brevísimo periodo de tiempo, le convertiría en uno de los hombres más ricos del mundo.

Para financiar tan colosal negocio se sirvió de todo tipo de engaños sobre su obra civilizadora, consiguiendo aportaciones y préstamos que nunca devolvería, de todo tipo de empresas, instituciones y el propio estado belga, en 1889 y 1895. Además de crear su propia empresa para la extracción del caucho y marfil, concedía tierras a empresas privadas a cambio de un porcentaje sobre los beneficios. Es el caso la Compañía de Katanga o la Unión Minera del Alto Katanga que a partir de 1905 comenzaron a extraer mineral de cobre con la contrapartida del pago de un porcentaje al estado, que no era otro que el propio Leopoldo.

Pero aunque ya en 1890, el misionero americano G.W. Willians hizo la primera denuncia sobre las monstrusidades de las que fue testigo, aún tardarían 10 años en estallar el escándalo en Europa. La publicación en la prensa de los relatos y datos recogidos por escritores como Mark Twain y Joseph Conrad, misionesros como Willians Sephard, diplomáticos como el británico Casement, y sobre todo los trabajos de Edmund Dene Morel consigueron finalmente, que los gobiernos europeos y EEUU comenzaran a investigar y oponerse al exterminio que se estaba llevando a cabo en el Congo. El parlamento belga, haciéndose eco de este rechazo internacional , en 1908 obligó al rey Leopoldo a ceder sus dominios del Estado Libre del Congo, quedando todo el territorio bajo la autoridad del gobierno, pasado a llamarse Congo Belga. (Fuente Consultada:http://www.ikuska.com)
http://www.portalplanetasedna.com.ar/masacres_humanas9.htm

AFRICA/SUDAN –

Continúa la matanza en Darfur: 10.000 muertos al mes. Compromiso de Caritas para llevar ayuda a las víctimas

Roma (Agencia Fides) - "En Darfur la situación es insostenible" recuerda Caritas italiana en un comunicado enviado a Fides. Caritas italiana reafirma la necesidad de una fuerte intervención de la comunidad internacional para poner fin a los sufrimientos de la población civil de la región occidental de Sudán. "La última resolución de las Naciones Unidas - amenazando con sanciones al Gobierno de Sudán - abre tímidos resquicios. Pide, además, al Secretario General una comisión de investigación sobre las violaciones del derecho internacional y los derechos humanos y a los Estados miembros que aumenten la contribución financiera para sostener una mayor presencia de una fuerza de paz de la Unión Africana para proteger a la población civil" afirma el comunicado.

Mientras la comunidad internacional discute "los desplazados continúan muriendo- la Organización Mundial de la Salud denuncia que desde marzo se producen una media de 10.000 muertos al mes - y sufriendo sin perspectivas concretas de poder regresar a sus aldeas" denuncia la organización de asistencia católica.

En las pasadas semanas nuevos y violentos ataques han obligado a otras 5.000 personas a huir de sus aldeas. Los trabajadores de Caritas lanzan una llamamiento: hace falta buscar fuentes alternativas a la leña. Recogerla es peligroso para las mujeres y un consumo tan elevado podría provocar grandes daños al entorno. La intervención de emergencia Caritas - en colaboración con Action by Churches Together, network de las iglesias ortodoxas y protestante - prevé un empleo de 14 millones de euros a favor de 500.000 personas y está concentrando en tres áreas geográficas específicas: Zelingi, en particular los campos de Hassa Hissa, la ciudad de Zelingi y en breve en los campos de Dileij, Garsila y Umkher; Ta'asha, en particular los campos de Hashaba (1.360 familias) Bashum (1.986 familias), Borgy (1.975 familias) y Belil B; Kubum, en particular los campos de Kubum (30.000 personas), Um Labassa (13.000 personas) y Dagadoussa (2.873 personas).

Cuatro sectores de intervención:

Sanitario, con la activación y abastecimiento de tres centros sanitarios en Kubum, Um Labassa y

Dagadoussa y la perspectiva de hacer operativos otros 12.

Higiene, con la construcción de servicios higiénicos en la ciudad de Zelingi, en el campo de Hassa Hissa, en la zona de Ta'asha y la activación de comités para la educación higiénico-sanitaria en el campo de Hashaba y en el de Bashum. Una problemática común es la del agua y por ello, se están realizando pozos y está previsto el suministro de piezas de recambio para las bombas ya establecidas.

Ayudas alimentarias, con la distribución de cereales, aceite y azúcar a 300 niños malnutridos menores de cinco años en el campo de Hashaba e intervenciones análogas en las zonas de Ta'asha, Zelingi y Kubum.

Ayudas no alimentarias, con la distribución de tiendas, depósitos para el agua, mantas, mosquiteras, utensilios para la cocina, jabón a los 200 nuevo llegados en el campo de Hashaba, y otras 576 personas en el campo de Bashum se han beneficiado ya de ello. Además se han distribuido 2.000 set de enseres para el campo de Bashum y tiendas y tanques pra el agua en Wadhi Salik, en la zona de Zelingi. Está prevista la construcción de 300 chozas en el campo de Belil B.

Están después los cerca de 190.000 sudaneses que se han amparado en el Chad desde Darfur, en su mayoría acogidos en 10 campos de refugiados. Se ha confiado a Caritas diocesano de N'djamena, (SECADEV) la gestión de tres campos: Farchana, Kounougou y Touloum para un total de 38.865 refugiados. La red internacional la sustenta contribuyendo a la distribución de ayudas no comestibles, simientes, vacunas para el ganado y con actividades educativas para niños. (L.M) (Agencia Fides 20/10/

Las guerras de África son libradas por salvajes pandillas de niños en pos de un botín

March 2nd, 2012 → 4:42 pm @ elpuercoespín

El cambio climático podría aumentar la probabilidad de la guerra civil en el África Subsahariana alrededor de un 50 por ciento en las próximas dos décadas, según un estudio dirigido por la Universidad de California en Berkeley (Estados Unidos) que se publica en la edición digital de la revista Proceedings of the National Academy of Sciences (PNAS).

El estudio proporciona la primera evidencia cuantitativa que vincula el cambio climático con el riesgo de conflictos civiles y llama la atención sobre la necesidad urgente de que los gobiernos africanos y los donantes extranjeros apoyen políticas para ampliar o crear políticas que ayuden a África a adaptarse al cambio climático.

Según explica Marshall Burke, director del estudio, "por desgracia nuestro estudio descubrió que el cambio climático aumentaría el riesgo de guerra civil en África alrededor de un 50 por ciento en 2030 en relación a 1990, con una gran previsión de pérdidas sobre los medios de subsistencia humana".

En su estudio, los investigadores combinaron primero datos históricos sobre guerras civiles en el África subsahariana con los registros de lluvias y temperatura de todo el continente. Descubrieron que entre 1980 y 2002, las guerras civiles eran más comunes en los años templados y que un aumento de 1 grado centígrado en las temperaturas anuales aumentaba la incidencia de conflictos en todo el continente en un 50 por ciento (NDT: por la falta de agua, comida, etc).

Según esta relación histórica entre temperaturas y conflictos, los investigadores utilizaron proyecciones de cambios en las temperaturas y precipitaciones en el futuro para cuantificar la probabilidad de guerra civil africana. En 20 de estas proyecciones de modelos climáticos, los investigadores descubrieron que la incidencia de guerra civil en África aumentaría en un 55 por ciento hacia el 2030, dando lugar a unas 390.000 muertes por combate adicionales en futuras guerras tan mortíferas como las recientes.

Los modelos sugieren que las temperaturas en el continente africano aumentarán como poco en un grado centígrado hacia el 2030 y dada la fuerte relación histórica entre aumento de la temperatura y conflictos, esta estimación es suficiente para causar grandes aumentos en la probabilidad de conflictos.

Para confirmar que esta proyección no fuera el resultado de grandes efectos de sólo unos pocos países o deberse a la dependencia excesiva en un modelo climático particular, los investigadores volvieron a calcular proyecciones de conflicto futuras utilizando datos alternativos y los resultados fueron básicamente los mismos.

Camerún asiste impotente a la pérdida de una de sus principales colonias de elefantes. El parque nacional de Bouba N'djida, en el norte del país, vive desde hace unas semanas bajo el dominio de milicias armadas que, procedentes de Chad y Sudán, han acabado con unos 200 ejemplares (un tercio de los que viven en la reserva). Los testigos cuentan que van armados con Kaláshnikov, a caballo y asistidos por camellos, y que regalan la carne a la población local. Ellos solo quieren el marfil de los colmillos y dejan tras su paso un reguero de elefantes decapitados (…)

David Hoyle, responsable de la ONG ecologista WWF en el país, explica que hay mucha confusión: "Que está ocurriendo una matanza es seguro, pero los datos no están claros. Hay quien habla de grupos de 50 personas y otros de solo 10". El territorio es tan remoto como peligroso.

La cifra de animales abatidos puede superar los 200 y llegar a los 300.

Una persona que organiza safaris en la zona explica por teléfono que él ha escuchado los disparos y que "en las últimas semanas ha crecido enormemente" el problema. La UE maneja datos aún más alarmantes. Las fuentes consultadas tienen constancia de los restos de 75 elefantes cuya posición sitúan con GPS. Estiman que la cifra de animales abatidos puede superar los 200 e incluso llegar a los 300. En 2007, WWF censó la población de elefantes en el parque nacional en unos 600 ejemplares, por lo que el descenso sería muy significativo.

Los milicianos han sido vistos con uniforme color caqui, armados con Kaláshnikov y divididos en grupos de seis o siete para atacar a los elefantes y llevarse los colmillos. Se han acercado a los pueblos de Gouna, Sinassi y Koiloungou, entre otros, para avisar del lugar en el que quedaban los restos por si los vecinos querían la carne. Así se ganan el apoyo de las aldeas de la zona. Según la prensa local, en las carreteras del norte del país se encuentra fácilmente carne de elefante. El Gobernador de la región, Gambo Haman, ha admitido que los guardas son pocos y van armados de forma rudimentaria, con lo que poco pueden hacer.

Un guía de caza que acaba de regresar de la zona explica que ha visto restos de elefantes. "Nadie puede saber cuántos han caído, porque todo es muy confuso, pero es cierto que se ven los animales muertos. Estos tipos van fuertemente armados y procuramos evitarlos", señala este experto, que pide el anonimato por precaución. La prensa local señala que seis militares de Chad fueron abatidos por este grupo armado.Pese a que el tráfico de colmillos está prohibido desde hace 22 años, la ONG Traffic afirma que en 2011 se alcanzó un nuevo máximo de incautaciones en los aeropuertos de todo el mundo. El año pasado se confiscaron 23 toneladas de colmillos de elefante, una cantidad que equivale, al menos, a 2.500 paquidermos muertos. Asia es el principal destino, ya que el marfil tiene uso en la medicina tradicional china. Con esas ventas pueden financiar la compra de armas (…)

Por Jeffrey Gettleman.

En diciembre de 2009, el Ejército de Resistencia del Señor, un brutal grupo rebelde africano guiado por un comandante de peluca llamado Joseph Kony, masacró a más de trescientas personas en un remoto rincón del noreste de Congo. La mayoría de las víctimas fueron muertas a palos, algunas fueron asesinadas con machetes, unas pocas recibieron disparos y unas pocas más fueron estranguladas. El LRA (NDT: en español, ERS), como es conocido ampliamente –en Congo es llamado simplemente tonga-tonga, que significa algo como "los que atacan en silencio"—, había secuestrado a cientos de personas y se movía rápidamente por la jungla. Quien no pudiera seguir el paso era ejecutado. Muy a menudo los otros conscriptos, muchos de ellos niños, eran forzados a actuar como verdugos.

Como ese rincón del Congo es tan aislado y poco poblado, llevó semanas que la noticia de la masacre se conociera, algo inusual en el hiperconectado mundo de hoy. Tuve que contratar un avión para llegar a la zona de la masacre, porque no había caminos practicables. Volé a un pequeño pueblo llamado Niangara, un viejo puesto de comercio en la confluciencia de dos ríos. Durante el dominio belga, Niangara fue un pueblo del boom del algodón y el café, aunque uno jamás lo adivinaría hoy. Las viejas casas belgas sin techo se hunden en las altas pasturas y las rutas, alguna vez pavimentadas, son puro limo. No había señal de guerra o inquietud cuando aterricé, ni siquiera trabajadores de ayuda humanitaria con sus uniformes blancos. Cuando salí del avión a la pista de tierra rojiza, todo lo que ví fueron árboles de anchas hojas, con las ramas chorreando mangos, y un grupo de hombres flacos en bicicletas.

Así es la historia del conflicto en África en estos días. Lo que estamos viendo es la decadencia de las clásicas guerras de luchadores por la liberación y la proliferación de otra cosa –algo más salvaje, turbio, más depredador y difícil de definir. El estilo de guerra ha cambiado dramáticamente desde las guerras de liberación de los '60 y '70 (Zimbabwe, Guinea-Bissau), las guerras de la Guerra Fría de los 80 (Angola, Mozambique) y las matanzas a gran escala de los 90 (Somalia, Congo, Rwanda, Liberia). Hoy, el continente está plagado de incontables, horribles, pequeñas guerras que, en muchos sentidos, no son realmente guerras. No hay línea de frente, no hay campos de batalla, no hay claras zonas de conflicto y no hay distinción entre combatientes y civiles, razón por la que el tipo de masacre ocurrida cerca de Niangara es tristemente común (...)

Hoy vemos decenas de guerras sucias, de escala pequeña, en Congo, Somalia, la República Centroafricana, Burundi, Sudán, Sudán del Sur, Chad, Níger y Nigeria, de Este a Oeste, de algunas de las más poderosas a algunas de las más pequeñas e insignificantes naciones de África. La situación específica en cada uno de los 55 diferentes países del continente varía enormemente. Pero es seguro decir que muchos de los rebeldes son simplemente maleantes.

Pocas décadas atrás, África produjo algunos líderes rebeldes, muy astutos y exitosos en última instancia, comprometidos en la lucha contra el colonialismo, la tiranía y el apartheid. Algunos fueron suficientemente hábiles como para dirigir países, entre ellos Meles Zenawi de Etiopía, Paul Kagame de Ruanda, Yoweri Museveni de Uganda e Isaías Afewerki de Eritrea. Ninguno estaba comprometido con la democracia. Todos se aferran todavía al poder por medio de la fuerza bruta, pero cada uno de ellos tenía una buena educación y una visión de cómo él y su país podrían sobrevivir.

Afewerki, por ejemplo, pasó décadas reconstruyendo la sociedad eritrea de arriba abajo en un laberinto de bunkers subterráneos y trincheras, mientras los aviones de guerra provistos por los soviéticos bombardeaban al ras el campo en un intento por aplastar a ese movimiento que buscaba la independencia respecto de Etiopía, que había dominado a Eritrea desde la retirada británica de 1952. Viviendo en la oscuridad, hombres y mujeres, cristianos y musulmanes, granjeros y doctores, fueron amontonados y lucharon juntos, fabricando sus propios remedios, zapatos, incluso papel higiénico. Cuando Eritrea ganó al fin su independencia de Etiopía, en 1993, fue celebrada como una de las sociedades más igualitarias del planeta. Diecinueve años más tarde, las elecciones prometidas nunca ocurrieron (...)

África tuvo también la mala suerte de ganar su independencia cuando la Guerra Fría se hallaba en su clímax y los Estados Unidos y la Unión Soviética trataban de reclutar peones: la rivalidad Este-Oeste dio forma a buena parte de la política interna africana y a muchas de sus rebeliones. Las superpotencias impulsaron a tiranos brutales, odiados intensamente, sólo porque apoyaban a un lado o al otro y, del mismo modo, cooptaron a grupos rebeldes a quienes proveyeron dinero y armas para luchar a favor o en contra del comunismo.

Cuando la Guerra Fría terminó abruptamente en 1990, el súbito desinterés de las superpotencias en el continente africano dejó a cantidad de tiranos expuestos y listos para ser derrocados. África explotó. El dictador de Etiopía, Mengistu Haile Mariam, apoyado durante años por la Unión Soviética, y el déspota de Somalía, Mohamed Siad Barre, respaldado durante años por los Estados Unidos, fueron depuestos en 1991. Ambos países habían sido considerados como campos de batalla de importancia estratégica en la Guerra Fría y estaban bañados en armas. Pocos años más tarde, Mobutu Sese Seko, del Congo, probabemente el hombre más corrupto del continente más corrupto y un aliado principal de los norteamericanos hasta que se tornó obsoleto después de la Guerra Fría, fue depuesto en una guerra brutal que continúa todavía y que se ha convertido en uno de los más violentos conflictos de la era moderna, en la cual varios millones de africanos han perecido.

El fin de la Unión Soviética tuvo otro desastroso efecto en África. Los países del bloque del Este que despachaban kalashnikovs del Ejército rojo a rolete tuvieron que buscar nuevos mercados. África, con sus cielos no patrullados y sus costas infinitas, sus minas de oro y de diamantes y sus economías en las que circula libremente el efectivo, se convirtió en un nuevo mercado. Las armas se tornaron de pronto muy baratas y muy accesibles.

Viktor Bout, un ex oficial soviético recientemente condenado en los Estados Unidos por tráfico de armas, sustentó solo varias miniguerras africanas al mismo tiempo, incluyendo Sierra Leona, Liberia, Angola y Congo. Ahora cualquiera podía meterse en el juego de la rebelión.

Sin la dominación de una superpotencia, los grupos rebeldes africanos comenzaron a fragmentarse. Durante la Guerra Fría, los norteamericanos y los soviéticos habían presionado a los líderes para que unificaran a sus tropas porque, cuando decidían respaldar una rebelión, querían lidiar con un solo líder, no 23. Hoy, las fallidas conferencias de paz para terminar guerras en Darfur o Somalía o Congo muestran qué ocurre cuando esa presión para la unificación ya no existe. En 2003, cuando el conflicto de Darfur comenzó en Sudán occidental, había dos grupos rebeldes importantes en combate con el gobierno central. Hoy hay incontables facciones. Muchos de los actuales movimientos rebeldes han continuado dividiéndose y subdividiéndose, al punto de que algunos grupos se han vuelto minúsculos e ideológicamente indistinguibles uno de otro, sin poder para provocar cambios serios en el gobierno (…)

A medida que las superpotencias salieron del África y muchas de sus naciones se volvieron débiles, los grupos rebeldes descubrieron que podían operar más libremente. Muchos territorios quedaron sin ley, fuera en el Congol rural, el Sudán rural, en la mayoría de la República Centroafricana (casi enteramente rural) o fuese en las vastas y no vigiladas regiones desérticas del Sahara, donde predominan rebeldes, matones y bandidos. Pero los espacios hobbesianos se encuentran a menudo incluso en mitad de las capitales, como en las hirvientes villas miseria de Nairobi o Kinshasa, donde los servicios públicos están complemente ausentes y la gente ha montado sus propias fuerzas de seguridad, sus propias vías ilegales para obtener electricidad, sus propios sistemas de impuestos –en pocas palabras, sus propios modos de sobrevivir. Muchos de los grupos armados que operan en este clima de casi completa quiebra del poder del Estado son conducidos por una cruda codicia y una rampante brutalidad, sin pretensión alguna de poseer una excusa ideológica para su violencia. No tienen causa ni planes de construir una organización política de ningún tipo.

(…) He visto cuán vacío puede ser este liderazgo cuando asistí a una costosa conferencia de paz para Darfur en Sirte, Libia, en 2007. Lo que fascinaba y atraía a los rebeldes no eran las sesiones plenarias o los encuentros personales con funcionarios de Naciones Unidas. Era el buffet libre del hotel, donde figuras con turbante reían mientras amontonaban montañas de arroz y carne en sus platos y bebían galones de Pepsi. Ninguno de los rebeldes de Darfur con los que hablé en la conferencia podía decirme por qué luchaba. De hecho, aunque había pasado mucho tiempo en la región de la que venían, era difícil saber si alguno de estos hombres realmente combatía. Los líderes que había conocido en el campo de batalla no estaban allí.

En Congo oriental, las conversaciones de paz auspiciadas internacionalmente han dado a los rebeldes un perverso incentivo para promoverse mediante la brutalidad. En julio de 2010, varias decenas de hombres armados barrieron un poblado cerca de Walikale y violaron en grupo a más de trescientas mujeres, algunas de ochenta años. Más tarde se supo que su líder, un joven en vía de ascenso llamado Sheka, quería atraer la atención pública antes de que comenzaran las conversaciones con el gobierno. Su lógica debe haber sido algo así: la violación masiva era claramente algo que atraería la atención internacional, así que atacar a un pueblo y violar a trescientas mujeres era un modo efectivo de tornarse más amenazante y aumentar sus chances de obtener una posición más alta en el Ejército del gobierno. Cuando no funcionó, Sheka entró en política. Recientemente hizo campaña abierta para obtener una banca en el parlamento del Congo.

Perdió, pero sigue activo en la parte oriental del país (…)

El equivalente de la Guerra Fría hoy es la campaña contra el Islam extremista, en la cual los Estados Unidos comprometen sus principios democráticos al apoyar a dictadores dispuestos a ayudar en la lucha contra los terroristas. En el Cuerno de África, un caldo de cultivo del extremismo islámico, el nuevo mejor amigo de los Estados Unidos es Etiopía. Los Estados Unidos dan al ejército etíope millones de dólares de ayuda cada año e incluso comparten su inteligencia secreta; el gobierno es despiadado en su castigo incluso contra moderados disidentes y los rebeldes de Ogaden tienen pocas chances de ganar alguna vez (…)

Apenas en diciembre último (de 2011), The Economist publicó un artículo de tapa titulado "África se Levanta", título de un libro de 2009 de Vijay Mahajan, un profesor de la Escuela de Negocios de la Universidad de Texas. No hace mucho, The Wall Street Journal publicó una serie de artículos sobre el crecimiento económico africano, también bajo el título "África Se Levanta". Algunas partes de África se están, en verdad, levantando. Nuevos edificios impresionantes están apareciendo en la capital de Kenia, Nairobi, donde vivo. Incontables nuevos miembros de la nueva clase media africana conducen brillantes y pequeños Toyotas y Nissans, causando grandes atascos del tránsido en casi todas las capitales del continene. El Banco de Desarrollo Africano dice que el número de africanos de clase media se ha triplicado durante los últimos treinta años para llegar a 313 millones de personas, es decir más del 34 por ciento de la población del continente. Muchos países africanos, como Madagascar, Zambia, Burkina Faso y Níger, han aumentado dramáticamentel el número de niños en la escuela. Otros, como Ruanda, han mejorado vastamente su salud pública (…)

¿Las razones? Una demanda insaciable de las commodities africanas, como petróleo, oro y cobre; y, en algunos lugares, mejores políticas gubernamentales. Angola y Ghana, que extraen petróleo, están ahora entre las economías de más rápido crecimiento del mundo. Pero, al mismo tiempo, muchas partes del África se están hundiendo, clara y profundamente, en la violencia, el caos y la oscuridad (…)

Por Jeffrey Gettleman

Hay una razón muy sencilla por la que algunas de las guerras más brutales y sangrientas de África parecen no terminar nunca. En realidad, no son tales. Al menos, no en el sentido tradicional. Los combatientes no tienen mucha ideología; no tienen objetivos claros. No dan importancia a la toma de las capitales y las ciudades clave.

En realidad, prefieren los bosques frondosos, donde es más fácil cometer crímenes. Los rebeldes de hoy parecen despreciar, sobre todo, la conquista de nuevos adeptos a su causa; les basta con robar los hijos de otras personas, colgarles Kaláshnikov o hachas del brazo y ordenarles que se encarguen de las matanzas. Si observamos con atención algunos de los conflictos más persistentes, desde los riachuelos plagados de rebeldes del delta del Níger hasta el infierno de la República Democrática del Congo (RDC), eso es lo que encontramos.

Lo que se ve es el declive del clásico movimiento de liberación africano y la proliferación de otra cosa: más violenta, más desorganizada, más salvaje y más difícil de penetrar. Si lo quieren llamar guerra, de acuerdo. Pero lo que está extendiéndose por toda África como una pandemia vírica no es más que puro bandolerismo oportunista y armado hasta los dientes. Mi trabajo como responsable de la corresponsalía de The New York Times en África Oriental consiste en cubrir noticias y reportajes en 12 países, pero la mayor parte del tiempo estoy inmerso en estas no-guerras.

He presenciado de cerca –a menudo, demasiado cerca– cómo el combate ha pasado de enfrentar a soldados contra soldados (una rareza en África ahora) a oponer soldados frente a civiles. La mayoría de los guerreros africanos no son rebeldes con causa: son depredadores. Por eso estamos presenciando atrocidades tan impactantes como la epidemia de violaciones en el este de Congo, donde grupos armados han cometido agresiones sexuales durante los últimos años contra cientos de miles de mujeres, que han sido, con frecuencia, tan sádicas que han dejado a las víctimas un problema de incontinencia para toda la vida. ¿Cuál es el objetivo militar o político de introducir un rifle de asalto en la vagina de una mujer y apretar el gatillo? El terror ya es un fin, no sólo un medio.

Esta historia se repite por toda África, donde casi la mitad de sus 53 países sufre un conflicto activo o lo ha terminado hace poco. Lugares tranquilos como Tanzania son excepciones; incluso la accesible Kenia, repleta de turistas, saltó por los aires en 2008. Si sumamos las bajas de sólo una docena de países de los que cubro, obtenemos decenas de miles de civiles muertos cada año. Más de cinco millones de personas han fallecido en Congo desde 1998, según el Comité de Rescate Internacional.

Por supuesto, muchas de las luchas independentistas de la pasada generación también eran sangrientas. Se cree que la rebelión del sur de Sudán, que duró varias décadas, costó más de dos millones de vidas. Pero yo no hablo de números, sino de métodos y de objetivos, y de los líderes que los dirigen. El jefe de la principal guerrilla de Uganda en los 80, Yoweri Museveni, solía arengar a sus rebeldes diciéndoles que estaban en la planta baja de un ejército popular nacional. Museveni se convirtió en presidente en 1986 y permanece en el cargo (otro problema, otra historia). Pero sus palabras parecen nobles comparadas con el líder más conocido de ese país ahora, Joseph Kony, quien sólo ordena quemar.

Incluso aunque se pudiera sacar a estos hombres de sus guaridas de la selva y sentarlos en una mesa de negociaciones, hay muy poco que ofrecerles. No quieren ministerios o extensiones de tierra que gobernar. Sus ejércitos están formados a menudo por niños traumatizados con experiencia y habilidades (si pueden llamarse así) incompatibles con la vida civil. Lo único que quieren es dinero, pistolas y licencia para arrasar con todo. Y ya han conseguido las tres cosas. ¿Cómo se negocia con algo así? La respuesta breve es que no se negocia. La única forma de detener a los rebeldes de hoy es capturar o matar a sus líderes. Muchos son sólo personajes retorcidos cuyas organizaciones desaparecerían con ellos. Eso es lo que pasó en Angola cuando fue acribillado el jefe rebelde de UNITA y traficante de diamantes Jonas Savimbi y se puso fin de forma fulminante a uno de los conflictos más intensos de la guerra fría.

En Liberia, en el momento en el que fue arrestado el señor de la guerra reconvertido en presidente, Charles Taylor, en 2006, cayó el telón en un circo macabro con asesinos de 10 años cubiertos con máscaras de Halloween. Un número incontable de dólares, horas y vidas se han desperdiciado en vanas rondas de conversaciones que nunca culminarán en resultados tan claros. Lo mismo podría decirse de las acusaciones contra líderes rebeldes por crímenes contra la humanidad por parte de la Corte Penal Internacional. Con la espada de Damocles de un juicio sobre sus cabezas, los combatientes nunca dejarán las armas.

¿Cómo hemos llegado a este punto? Puede que sea pura nostalgia, pero los rebeldes africanos de antes tenían un poco más de clase. Luchaban contra el colonialismo, la tiranía o el apartheid. Las insurgencias triunfadoras venían a menudo de la mano de un líder seductor e inteligente que esgrimía una retórica convincente. Eran hombres como John Garang, que lideró la rebelión en el sur de Sudán con su Ejército de Liberación del Pueblo de Sudán. Él consiguió lo que pocas guerrillas han conseguido: entregarle a sus compatriotas su propio país. Gracias en parte a su tenacidad, el sur de Sudán celebrará un referéndum el año que viene para independizarse del norte. Garang murió en un accidente de helicóptero en 2005, pero la gente sigue hablando de él como si fuera un dios. Por desgracia, la región parece bastante dejada de la mano de Dios sin él. Yo me desplacé al sur de Sudán en noviembre para informar de cómo las milicias étnicas, formadas en el nuevo vacío de poder, se han dedicado a asesinar civiles por miles.

Incluso Robert Mugabe, el dictador de Zimbabue, fue en su momento un guerrillero con un plan. Después de transformar la Rhodesia gobernada por los blancos en el actual Zimbabue, liderado por la mayoría negra, convirtió el país en una de las economías con mayor crecimiento y diversificación al sur del Sáhara, durante la primera década y media de su régimen. Su estatus de héroe de guerra y la ayuda que prestó a otros movimientos de liberación africanos en los 80 explican la reticencia de muchos líderes del continente a criticarle hoy, aunque haya conducido a Zimbabue directamente al infierno.

Estos hombres son reliquias vivientes de un pasado reducido a cenizas. Si juntamos en una habitación al educado Garang y al Mugabe de antes con los líderes sin ideales de hoy, no tendrían nada en común. Lo que ha cambiado en una generación ha sido, en parte, el propio planeta. El fin de la guerra fría generó el colapso de los Estados y el caos. Allí donde antes las grandes potencias veían dominós cuyo desplome había que evitar, de pronto no había ningún interés nacional (por supuesto, con excepción de los recursos naturales).

Los científicos llevan tiempo advirtiendo del calentamiento global y de la escasez de recursos, que traerán como resultado conflictos más violentos. La Casa Blanca incluso encargó a su órgano de inteligencia el estudio de las posibles implicaciones de la seguridad nacional en el cambio climático. Pero las pruebas que muestran que el aumento de las temperaturas puede causar un conflicto armado son poco precisas de momento. En un estudio reciente publicado en Proceedings of the National Academy of Sciences, un equipo de economistas hizo una comparativa de las distintas temperaturas con el índice de conflictos en el África subsahariana entre 1981 y 2002, y los resultados fueron sorprendentes: la temperatura aumentó un grado Celsius, en contraposición con el aumento del 49% del índice de guerra civil. En las décadas siguientes la situación parece mucho peor. Según los aumentos de temperatura global estimados para el futuro, los autores observaron un aumento del 54% de los conflictos civiles en la región. Si ocasionan el mismo número de muertes que durante las guerras ocurridas durante el periodo que engloba este estudio, puede que África alcance la cifra de 393.000 muertos de guerra en 2030. La razón principal de la violencia prevista es el impacto del calentamiento global en la agricultura, pero podrían existir otros factores.

Por ejemplo, la violencia criminal tiende a aumentar cuando se dan temperaturas altas, mientras que la productividad económica disminuye. Incluso desde un punto de vista optimista, el crecimiento económico y la reforma política de las próximas décadas "no son capaces de revertir los grandes efectos del aumento de la temperatura en los índices de guerras civiles". –Joshua E. Keating

De repente, lo único que se necesita para ser poderoso es un arma, y, como se ha podido comprobar, había muchas. Los AK-47 y las municiones baratas manaban del colapsado bloque oriental hasta el último rincón de África. Era la oportunidad perfecta para los que no tienen suficiente moral ni carisma.

En la República Democrática del Congo ha habido docenas de esos hombres desde 1996, cuando los rebeldes se levantaron contra el dictador del gorro de piel de leopardo, Mobutu Sese Seko, probablemente el hombre más corrupto en la historia de este corruptísimo continente. En realidad, tras el derrumbamiento del Estado de Mobutu, nadie lo reconstruyó. En la anarquía que floreció, los líderes rebeldes se hicieron con feudos muy ricos en oro, petróleo, diamantes, cobre y estaño, entre otros minerales. Entre ellos estaban Laurent Nkunda, Bosco Ntaganda, Thomas Lubanga, un tóxico batiburrillo de comandantes mai mai, genocidas ruandeses y los lunáticos líderes de un grupo extravagantemente cruel llamados "los rastas".

Conocí a Nkunda en su guarida de las montañas a finales de 2008, rodeado de soldados con cara de críos. El general, delgado como un palillo, lanzó una elocuente perorata sobre la opresión de la minoría tutsi a la que decía representar, pero se puso de uñas cuando le pregunté sobre los impuestos que, cual señor de la guerra, estaba cobrando, y sobre todas las mujeres a las que sus soldados habían violado. Nkunda no está del todo desacertado en cuanto al lío de la RDC. Las tensiones étnicas son una parte real del conflicto, junto con las disputas por las tierras, los refugiados y la injerencia de los países vecinos. Lo que he llegado a entender es la rapidez con la que las reivindicaciones legítimas de estos Estados fallidos o en camino de serlo acaban convertidas en un voraz derramamiento de sangre en busca de beneficios. El país soporta hoy una rebelión por los recursos en la cual unos vagos sentimientos antigubernamentales sirven de excusa para el robo de propiedades públicas. Las superabundantes riquezas de la RDC pertenecen a sus 70 millones de habitantes, pero en los últimos diez o quince años ese tesoro ha sido secuestrado por un par de docenas de caudillos rebeldes que lo emplean para comprar aún más armas y causar más estragos.

El ejemplo más molesto de una no-guerra africana está en el Ejército de Resistencia del Señor (LRA, en sus siglas en inglés), nacido como un movimiento rebelde en el norte de Uganda durante los anárquicos 80. Como las bandas del río Níger, contaminado por el petróleo, el LRA tenía, al principio, algunas quejas legítimas: la pobreza y la marginación de las áreas acholi. Su líder, Joseph Kony, era un joven autodenominado profeta con cabellera postiza y discurso incoherente comprometido con los Diez Mandamientos. Pronto incumplió todos. Empleó sus supuestos poderes mágicos (y drogas) para enardecer a sus seguidores y los lanzó sobre los mismos acholi a los que debía defender. El LRA se abrió camino a guantazo limpio, dejando a su paso un reguero de extremidades amputadas y orejas cortadas. Ya no hablan de los Diez Mandamientos, y algunos de los que dejaron tras de sí prácticamente no pueden hablar. Nunca olvidaré mi visita al norte de Uganda hace unos años en la que conocí a un grupo de mujeres a las que los maniacos de Kony habían rebanado los labios. Sus bocas estaban siempre abiertas mostrando sus dientes. Cuando Uganda se compuso y tomó medidas firmes, Kony y sus hombres se marcharon. Hoy, su maldición se ha extendido a una de las regiones más anárquicas del mundo: la frontera entre Sudán, Congo y la República Centroafricana.

Los niños soldados son parte inherente de estos movimientos. El LRA, por ejemplo, nunca se adueñó de territorios, sólo de menores. Sus filas están plagadas de niños y niñas a quienes les han lavado el cerebro, que saquean pueblos y machacan hasta la muerte a recién nacidos en morteros de madera. En la RDC, una tercera parte de los combatientes tiene menos de 18 años. Puesto que el nuevo estilo depredador de guerra africana está motivado y financiado por el crimen, el apoyo social es irrelevante para estos rebeldes. La otra cara de no preocuparse por ganar la batalla por las mentes y los corazones es que así no se consiguen muchos reclutas. Secuestrar y manipular a niños se convierte en la única forma de sostener el bandidaje organizado. Y los chicos han resultado ser las armas ideales: es fácil lavarles el cerebro, son intensamente leales, no tienen miedo y la oferta es inagotable.

En esta nueva era de guerras interminables, hasta Somalia se percibe de otro modo. Ese país evoca la imagen del Estado africano más caótico (excepcional, incluso en su vecindario), debido a su conflicto perpetuo. Pero ¿y si Somalia fuera menos una irregularidad que un terrorífico avance de aquello en lo que va a convertirse la guerra en África? En apariencia, el país parece destruido por un conflicto civil de trasunto religioso entre un Gobierno de transición con apoyo internacional, pero sin poder efectivo, y la milicia islamista Al Shabab. Sin embargo, la lucha está alimentada por el mismo clásico problema somalí que persigue a este mísero país desde 1991: los señores de la guerra. Muchos de los hombres que mandan o financian milicias en Somalia hoy son los mismos que hicieron trizas el país durante los últimos veinte años en su disputa por los escasos recursos que quedan: el puerto, el aeropuerto, los postes de teléfono y las tierras de pastoreo.

Pero lo que más miedo da es cuántos Estados enfermos como la RDC presentan ahora síntomas similares a los de Somalia. Cada vez que surge un potencial líder que pueda volver a imponer el orden en Mogadiscio, aparecen redes criminales que financian a su oponente, sea quien sea. Cuanto más tiempo pasan sin Estado estas áreas, más difícil es volver al mal necesario que es el gobierno.

Todo esto puede parecer una burda simplificación, y, en efecto, no todos los conflictos de África encajan en este nuevo paradigma. El viejo compañero –el golpe militar– aún constituye una forma común de insurrección política, como comprobaron Guinea en 2008 y Madagascar no mucho tiempo después. También me he topado con unos pocos rebeldes no sanguinarios que parecían tener motivos legítimos, como algunos cabecillas de Darfur (Sudán). Pero aunque sus demandas políticas están bien definidas, las organizaciones que lideran no lo están. Los rebeldes clásicos africanos pasaban años en los bosques perfeccionando su capacidad de liderazgo, puliendo su ideología antes de ver a un diplomático occidental o sentarse ante las cámaras para una entrevista de televisión. Ahora los rebeldes salen del anonimato con una página web y una oficina de prensa (léase, un teléfono por satélite).

En cuanto al resto, son no-guerras, esos conflictos incesantes que me he pasado la vida catalogando a medida que avanzan inexorablemente, triturando vidas y escupiendo cadáveres. Recientemente estuve en el sur de Sudán, trabajando en un artículo sobre la persecución de Kony por el Ejército de Uganda, y conocí a una mujer llamada Flo. Había sido esclava en el LRA durante 15 años y había escapado hacía poco tiempo. Tenía las espinillas llenas de cicatrices y una mirada glacial, y a menudo había largos silencios después de mis preguntas, durante los cuales Flo se quedaba contemplando fijamente el horizonte. "Sólo pienso en la carretera que lleva a mi casa". Ella nunca tuvo claro por qué luchaba el RLA. En su opinión, era como si hubieran estado vagando por la selva, caminando en círculos. En esto se han convertido muchos conflictos en África: círculos de violencia en el bosque, sin un final a la vista.

A principios de los años 80, en las tierras bajas de Mozambique, surgió una nueva tecnología de guerra que recorrería toda África y pronto el resto del mundo: el niño soldado.

Los comandantes rebeldes habían construido una máquina de matar de 1,20 m de altura que se abrió paso en aldea tras aldea y casi invadió al gobierno. Su rastro eran chozas humeantes y orejas cortadas.

Los mozambiqueños aprendieron que los niños eran el arma perfecta: fácilmente manipulables, intensamente leales, intrépidos y, lo más importante, de suministro interminable.

Hoy (Ndt: 2007. Pero la cifra seguía siendo la misma a principios de 2012) dicen grupos defensores de los derechos humanos, hay 300.000 niños soldado en el mundo. Y expertos afirman que el problema se está haciendo más profundo conforme cambia la naturaleza del conflicto mismo; especialmente en África.

Aquí, en un país tras otro, los conflictos pasan de luchas impulsadas por una idea o causa, a campañas dirigidas por caciques cuyo objetivo esencial es saquear. Como esos nuevos movimientos rebeldes están motivados y financiados por el crimen, el apoyo popular se vuelve irrelevante. A quienes tienen el control no les importa los corazones y mentes. Ven a la población local como presa.

El resultado es que pocos adultos quieren tener algo que ver con ellos, y manipular y secuestrar niños se vuelve la mejor manera de sostener el bandidaje organizado.

Esta dinámica ha avivado a algunos de los conflictos más prolongados en el continente, y podía verse este mes en al menos tres países:

- En Somalia, en el último mes, más de 1.000 personas han sido asesinadas en Mogadiscio, la capital, en una compleja guerra civil agravada por los caciques que comandan ejércitos de adolescentes. La guerra se remonta a 1991, cuando el gobierno central fue derrocado por clanes que disputaban por antiguos agravios. Pero pronto se volvió una competencia entre los caciques por el control de aeropuertos, puertos marítimos y el acceso a la ayuda internacional. Dieciséis años después, siguen desenfrenados.

- En Congo, una guerra civil que empezó hace una década para derrocar al tirano de la era de la Guerra Fría, Mobutu Sese Seko, es ahora una lucha de múltiples cabezas en la cual sólo uno de los actores es el gobierno. El resto son pandillas rebeldes que combaten entre sí por una parte de la madera, el cobre, el oro, los diamantes y otros recursos. Todas las partes, según un informe emitido este mes por Human Rights Watch, dependen de niños-soldados.

- En Uganda, la más reciente en una serie de conversaciones de paz -ninguna exitosa hasta ahora- se reanudó la semana pasada, en un esfuerzo por poner fin a un reino de terror en las áreas rurales por parte del Ejército de Resistencia del Señor. Ese grupo se formó a fines de los años 90 en nombre de la minoría acholi oprimida, pero pronto degeneró en una pandilla callejera que vive en la selva con armas de tipo militar y novias de 13 años de edad. Sus filas están llenas de muchachos a los que les han lavado el cerebro para quemar chozas y matar a golpes a bebés recién nacidos.

África no inventó al soldado menor de edad moderno. Los nazis reclutaron adolescentes cuando se sintieron desesperados. También Irán, que dio llaves a niños (de 12 a 16 años) para el cielo de plástico, para que se las colgaran alrededor del cuello mientras limpiaban minas terrestres durante la Guerra Irán-Irak. Adolescentes han combatido en guerras nacionalistas o con propósitos religiosos en Kosovo, los territorios palestinos y Afganistán.

Pero aquí, en África, los movimientos armados que sobreviven con niños de apenas 9 años, han adquirido un carácter especial, nutridos por crisis del poder estatal o de la ideología. Muchos de estos movimientos giran en torno a la codicia, el poder y la brutalidad, sin esforzarse por tener excusas para ello.

"Quizá haya habido un poco de retórica al principio", dijo Ishmael Beah, ex niño soldado en Sierra Leona y autor del éxito de librerías "A Long Way Gone: Memoirs of a Boy Soldier" (Un Largo Camino Recorrido: Biografía de un Niño Soldado)... "Pero la ideología se pierde rápidamente. Y luego sólo se vuelve derramamiento de sangre, una forma de que los comandantes saqueen, una guerra de locura" (...)

Como el uso de niños-soldados que, a menudo, son atraídos hacia estos movimientos, o mantenidos ahí, con magia y superstición.

En muchos movimientos armados, a los niños se les enseña que la vida y la muerte dependen del espíritu; que son conjurados por sus comandantes y destilados en aceites y amuletos.

La magia puede llevar a los niños a hacer cosas innombrables. También confiere, a líderes deslustrados, de un recubrimiento de respetabilidad sobrenatural.

"Los comandantes usaban ciertas perlas y decían que las armas no podían herirnos", recordó Beah. "Y lo creíamos".

La Renamo, el ejército rebelde respaldado por Sudáfrica que aterrorizó a Mozambique en los años 80 mientras trataba de desestabilizar al gobierno marxista, estuvo entre los primeros en recurrir a la magia; dieron un papel especial a los médicos brujo, a quienes los marxistas habían marginado.

Para cuando los grupos en Congo llevaron esa técnica a sus profundidades más bajas a fines de los años 90 -algunos niños soldados eran instruidos de que se comieran a sus víctimas para hacerse más fuertes- el mundo empezó a poner atención.

Activistas lograron poner el tema de los niños-soldados en la agenda de Naciones Unidas y aprobar protocolos que pedían que la edad de los combatientes fuera de, al menos, 18 años (Estados Unidos y Gran Bretaña están entre los países que se han negado a firmar).

Pero los grupos armados renegados siguen siendo un obstáculo. Conforme la anarquía se extiende, ellos también lo hacen, de entre la maleza a las barriadas en áreas urbanas, donde los movimientos violentos casi religiosos parecen estar echando raíces.

"Es ridículo apelar a los derechos humanos con estos grupos porque están muy lejos en el extremo criminal del espectro", afirma Victoria Forbes Adam, directora de la Coalición para Detener el Uso de Niños Soldados, con sede en Londres.

Apenas este mes, en una barriada cerca de Nairobi, la capital de Kenia, ejecutadores de un grupo llamado Mungiki -esencialmente una pandilla callejera que usa elementos adolescentes- macheteó a varios oponentes en un esfuerzo por controlar el negocio de los minibuses. Fiel a las formas, su líder ha dicho a sus jóvenes macheteros que él descendió a la tierra en una bola de estrellas.

Cuando los últimos rayos del sol se pierden en el horizonte del norte de Uganda, los niños de las aldeas cogen sus cosas y parten en procesión hacia las ciudades.

Es un fenómeno único en el mundo. Más de cuarenta mil pequeños recorren las carreteras huyendo de la amenaza del Ejército de Resistencia del Señor (LRA), un grupo de fanáticos que dice luchar por imponer los Diez Mandamientos, y que desde hace 20 años aterroriza a los campesinos de la región. Si encuentran a una mujer ente los cultivos la violan, le cortan los brazos, los labios, las orejas. Por las noches, suelen colarse en las míseras chozas de paja y adobe para secuestrar a los niños, que suman a sus filas como soldados. Y a las niñas, a las que convierten en esclavas sexuales.

Los pequeños marchan hacia las urbes porque allí está el ejército regular ugandés, que los protege de las incursiones del LRA. Avanzan descalzos, por interminables caminos de tierra. Durante el tiempo en que estoy en Uganda salgo cada noche a retratarlos con mi cámara.

En la penumbra escucho sus canciones, sus risas. Supongo que es una forma de conjurar el miedo, tomarse todo como un juego, como una diversión, para no pensar. Recuerdo mi propia infancia, el pavor que tenía a la noche, la intranquilidad que me provocaban aquellas figuras que imaginaba en las sombras del pasillo de mi casa. Y me pregunto qué clase de sociedad es esta que no puede proteger a sus propios hijos, que los empuja a lo que un niño más teme: la oscuridad.

En Gulu, los pequeños duermen en las aceras, debajo de los soportales, a la intemperie, envuelos en mantas sucias y raídas. Algunas organizaciones internacionales, como UNICEF, han organizado refugios para que puedan pernoctar en un lugar seguro. Pero es tal la afluencia, que son muy pocos los que consiguen una plaza.

A la mañana siguiente, la peregrinación se repite. Desde lo alto de una colina observo cómo, envueltos en sus mantas, somnolientos, con un pie en la vigilia y otro en el mundo de los sueños, regresan a sus casas para enfrentar un nuevo día.

EL COLTÁN Y LAS MASACRES EN ÁFRICA

Fuentes : La Vanguardia

El coltán es un mineral de color gris metálico oscuro, mezcla de los minerales columbita (óxidos de niobio, hierro y manganeso) y tantalita (oxido de tantalio, hierro y manganeso). El principal productor de coltán es la República Democrática del Congo, sin embargo también se encuentran reservas en Brasil, Sierra Leona, Uganda y Ruanda.

Y la exportación de este mineral ayuda a financiar a varios bandos de guerrillas. Y es que resulta que este mineral es hoy por hoy imprescindible en la fabricación de componentes electrónicos avanzados. Y como la República Democrática (es un decir, que a cualquier cosa se le pone el nombre de "democrática") del Congo tiene un gran porcentaje de las reservas mundiales de coltán, y está considerado como un recurso no renovable, altamente estratégico, existe una guerra en el Congo desde 1998. La explotación de este recurso alimenta conflictos armados entre facciones locales apoyadas por algunos gobiernos extranjeros, y esto provoca que se haya denunciado en diversas ocasiones la explotación laboral que sufren los trabajadores, esclavizados, muchas veces niños, la destrucción de los ecosistemas y que los hábitats de los gorilas estén en peligro de extinción.

Todo esto, para que los habitantes del primer mundo, podamos tener nuestros "aparatitos" de última generación. La última denuncia ha sido por parte de la primatóloga Jane Goodall, que ha alzado su voz para decir que la extracción de este mineral provoca en el continente africano una masacre en vidas humanas, animales y ecosistemas, como un grito de atención al mayor de los problemas de la raza humana, que es la codicia.

"La lucha armada en la República Democrática del Congo, es el marco de un conflicto bélico que ha provocado ya millones de víctimas y refugiados, fomentado la explotación de mano de obra infantil o semiesclavizada y con efectos devastadores en la fauna, no sólo de grandes primates (chimpancés y gorilas), sino también en sus hábitats con un incremento de la deforestación".

Con la campaña "Movilízate por la selva", la doctora pretende "concienciar sobre la necesidad de entregar gratuitamente los millones de unidades móviles o consolas en desuso que contienen coltán, cuyo reciclaje servirá para financiar programas educativos y sociales en los países africanos en los que se extrae este valioso y escaso material".

"La primatóloga ha dicho que el reciclaje de los móviles puede ayudar a reducir la extracción de coltán y con ello "del sufrimiento humano" que genera esta actividad que está acabando con los bosques que rodean las minas ilegales y con los animales de la zona, utilizados en muchos casos como alimento".

"Preguntada por los safaris en los que se matan elefantes, Goodall, vivaz a sus 78 años, se ha mostrado contraria a estas prácticas, y sin señalar a nadie, ha remarcado que para ella "sería imposible" matar un elefante."He pasado mucho tiempo observándolos, me hubiera gustado estudiarlos más. Son inteligentes y más simpáticos que los chimpancés y que las personas"ha asegurado. "

Todos debemos concienciarnos, a favor de la igualdad y la vida, para tener un mundo mejor, ya que debemos construirlo nosotros.

INDICE

www.ingramcontent.com/pod-product-compliance
Ingram Content Group UK Ltd.
Pitfield, Milton Keynes, MK11 3LW, UK
UKHW020240250726
13967UKWH00001B/482